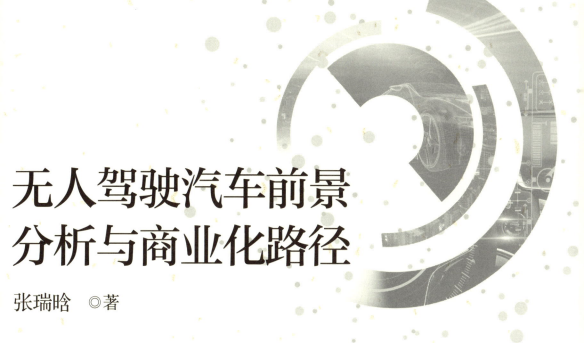

无人驾驶汽车前景
分析与商业化路径

张瑞晗　◎著

THE FUTURE OF AUTOMATED VEHICLES AND IT'S
COMMERCIALIZATION

中国财经出版传媒集团

经济科学出版社
Economic Science Press

图书在版编目（CIP）数据

无人驾驶汽车前景分析与商业化路径/张瑞晗著
. --北京：经济科学出版社，2022.9
ISBN 978 - 7 - 5218 - 4092 - 6

Ⅰ.①无…　Ⅱ.①张…　Ⅲ.①无人驾驶 - 汽车工业 -
经济展望 - 研究 - 中国②无人驾驶 - 汽车工业 - 商业化经
营 - 研究 - 中国　Ⅳ.①F426.471

中国版本图书馆 CIP 数据核字（2022）第 184490 号

责任编辑：杨　洋　杨金月
责任校对：李　建
责任印制：范　艳

无人驾驶汽车前景分析与商业化路径

张瑞晗　著

经济科学出版社出版、发行　新华书店经销
社址：北京市海淀区阜成路甲 28 号　邮编：100142
总编部电话：010 - 88191217　发行部电话：010 - 88191522
网址：www. esp. com. cn
电子邮箱：esp@ esp. com. cn
天猫网店：经济科学出版社旗舰店
网址：http://jjkxcbs. tmall. com
北京季蜂印刷有限公司印装
710×1000　16 开　7.5 印张　150000 字
2022 年 11 月第 1 版　2022 年 11 月第 1 次印刷
ISBN 978 - 7 - 5218 - 4092 - 6　定价：30. 00 元
（图书出现印装问题，本社负责调换。电话：010 - 88191545）
（版权所有　侵权必究　打击盗版　举报热线：010 - 88191661
QQ：2242791300　营销中心电话：010 - 88191537
电子邮箱：dbts@ esp. com. cn）

前 言
PREFACE

　　未来，或许如科幻小说中所描述的场景一般，传统的汽车或将退出历史舞台，街道上行驶的都是无人驾驶汽车。来往的车辆有序且高效地穿梭在城市中，人们的出行方式被完全颠覆，我们不再需要人为驾驶车辆，随叫随到的无人驾驶出租车会将乘客快速送抵目的地。你坐在车内望向同行的车辆，透过车窗你看到有的乘客正在与友人聊天，有的在照顾后座的婴儿，有的在略显忙碌地处理工作。正是因为无人驾驶汽车的出现，人们的出行效率将被大幅度提升，出行对于我们而言，将会是一种便捷与舒适的体验。

　　新科技产品的问世是无法避免来自各界的质疑甚至批评的，无人驾驶汽车也不例外。作为 21 世纪最具颠覆性的科技之一，无人驾驶汽车为传统交通系统注入了新的血液，与其相关的行业也将会被重新洗牌，当无人驾驶技术被消费者逐渐认可后，极大可能替代有人驾驶汽车。

　　本书聚焦于无人驾驶汽车的未来发展和商业化路径，通过分析消费者对无人驾驶汽车的看法和使用意向，结合消费者心理学、营销学和社会学等专业知识，让读者了解无人驾驶汽车目前的发展状况，以及在市场推广中会遇到的机遇与挑战。同时呼吁利益相关群体应齐心协力将无人驾驶汽车的优点充分发挥出来，使消费者对无人驾驶的未来发展充满信心与期待。

目　录
CONTENTS

第1章

绪　论

　　使用自动驾驶汽车——也称无人驾驶汽车，是未来道路交通发展的一个趋势，并将颠覆传统汽车行业，从而大幅度提升人们的生活质量。尽管近年来关于科技产品市场营销类的研究非常丰富，并且跨越了不同的研究背景，但就无人驾驶汽车的相关研究而言，现有书籍较多偏向于介绍或探讨如何突破性地提升无人驾驶技术、无人驾驶技术应用场景分析和无人驾驶汽车的发展对社会各方面的影响等，鲜有研究聚焦于深入了解我国消费者是如何看待无人驾驶汽车的出现，以及对无人驾驶汽车的市场化应用和推广持有怎样的态度和接受度，并在此基础上思考无人驾驶汽车在中国的发展前景及商业化路径。

　　本书包含5个章节，从无人驾驶汽车的背景介绍引入，根据对先前研究的大量整理与脉络梳理，阐述了现阶段该领域的研究现状及研究不足。通过对科技接受等消费者行为理论、心理学理论和社会学理论的解析与跨学科运用，结合对潜在消费群体的深入采访和市场调研等一手数据，从消费者的角度出发，更深层次地解读中国消费者对无人驾驶汽车的看法及使用意向。其中，消费者态度、感知享受性、感知出行效率、感知社会效益等因素都会对消费者使用无人驾驶汽车的意愿产生重要影响。而与消费者特性有关的因素（如性别、年龄等）则以调节变量的形式存在。同时，本书所提出的研究模型在一定程度上拓展与丰富了传统的以科技接受类模型为主导的"消费者—科技"交互模型架构，在理论部分有所创新。本书所陈述的研究结论与详尽的结论分析对于无人驾驶汽车进一步的市场研发、产品营销、政府监管及相关法律法规的出台与完善都会起到一定的实践指导作用。

1.1 无人驾驶汽车的背景介绍

如果说铁路交通在 19 世纪时改变了人们的出行方式，20 世纪的内燃机又进一步将其革新，那么 21 世纪最具颠覆性的交通变革就是无人驾驶汽车。

无人驾驶汽车是指车体配备了车载传感器、摄像头、GPS 和远程通信功能，以便收集路况信息，从而在各种条件下实现自主行驶的车辆。无人驾驶汽车也被称为自主汽车、自驾车或自动驾驶汽车，这些术语通常可以互换使用。无人驾驶汽车是以自主驾驶技术为基础，可以实现汽车自行控制加速、制动和转向，几乎不需要人为介入。无人驾驶汽车与无人机和互联网一样，被视为具有颠覆性的科技之一，旨在改善与提升人类生活质量。毫无疑问，无人驾驶汽车不仅代表了私人交通工具在技术上最大的进步，即从有人驾驶过渡到全自动驾驶模式，也为传统交通系统注入了新的血液，是一场技术的变革。与此同时，无人驾驶技术连同其他相关的先进汽车技术，如互联车辆，均使得现代交通向更安全、更可持续和更便捷的方向发展。

美国高速公路安全管理局（NHTSA）将自动驾驶划分为 L0 级到 L4 级，L0 级对应无自动化，L4 级对应全自动无人驾驶。根据汽车掌控权及安全责任安排，无人驾驶汽车可分为不同的等级。本书中所讨论的无人驾驶汽车为 NHTSA 所划分的 L3 级及以上级别的无人驾驶。这种汽车在全自动模式下可以自主驾驶，不需要驾驶员干预就可以主动完成加减速、变道、超车等一系列动作。谷歌的自动驾驶汽车就是一个很好的例子，尽管需要驾驶员坐在驾驶座上，但是汽车在全自动模式下由系统控制。其他高科技公司，如特斯拉和百度，也在利用这场交通运输的革命来测试他们的自动驾驶技术。例如，百度早在 2017 年就已发布"阿波罗"计划，通过向自动驾驶领域的合作伙伴提供开放、完整、安全的软件平台，快速搭建完整的自动驾驶系统，此计划旨在重点开发自动化程度达到 L3 级及以上级别的无人驾驶汽车。①

回顾汽车行业近年来的发展，我们可以看到除了高科技公司，大多数传统汽车制造商也在追随自动驾驶技术发展的大趋势，集中开发和优化高级驾驶辅助系统（Advanced Driving Assistance System，ADAS），如紧急制动、倒车摄像头、自适应巡航控制系统（Adaptive Cruise Control，ACC）、车道保持辅助系统（Lane Keeping Assist Systems，LKAS）和自动泊车系统。一些知名的汽车制造商已经开始发力，专注于开发自己的驾驶员辅助技术和自动驾驶系统，如宝马的交通堵塞辅助系统（Traffic Jam Assistant，TJA）、梅赛德斯—奔驰的拥堵跟车辅助系统（Stop‑and‑Go Pilot）和凯迪拉克的超级辅助驾驶系统（Super Cruise）等。然而，这种辅助驾驶员的分阶段操作与完全自动化驾驶所需要的技术并不一样，后者有着自己独立的技术发展路径。国际四大会计师事务所之一的毕马威（KPMG）在 2013年就已经预测过，最高级别的无人驾驶技术有望在 2030 年面世。② 同时，这些知名汽车公司将在更多的车型上安装自动驾驶系统，以便尽快实现无人驾驶汽车的市场化发展。另外，一些初创公司也在大力筹集资金来开发他们的无人驾驶汽车，从而使自己跻身进入汽车销售市场，如汽车之眼（Mobileye）。较大项目如 Net Mobil Cyber Move 和 EDICT 的启动，目的是探索各种类型的自动驾驶系统的潜在用途。同时，欧盟资助的大型项目 City Mobil 2 已经在欧洲的 12 个城市实施。相信在不久的将来，汽车生态系统将会被重塑，智能城市也会很快到来。

无人驾驶汽车的发展势头是惊人的，不仅是普通消费群体，包括政府和一些交通领域的专业人士都对此技术的发展抱有很大的期望。无人驾驶汽车已被视为传统汽车的最佳替代品，因为它可以为用户、交通系统和环

---

① Henry S. L. Unity's game engine is now developing self-driving cars［Z］.（2018 – 12 – 18）.［2022 – 10 – 16］.

② KPMG. Self-driving cars：Are we ready?［R］. 2013.

境带来诸多好处，如缩短通勤时间、减少驾驶员的驾驶压力及因长期驾驶
所导致的健康问题、减少因人为错误和疏忽造成的车辆碰撞、降低交通拥
堵、减少燃料消耗和碳排放等。其中，有效减少和避免人为因素导致的车
祸是无人驾驶汽车能够带来的最重要的社会效益之一。根据世界卫生组织
的报告，车祸是导致全世界 15~29 岁的青年人早逝的最主要因素之一。而
造成这些车祸的主要原因大多是人为的疏忽，如醉酒、瞌睡、走神和分心
驾驶等。其中，分心驾驶已经成为一个持续增长的风险因素。因此，将人
类驾驶员从驾驶位置挪开，用智能软件和传感器来替代或许是有效减少人
为因素造成车祸的可行办法。

　　然而，无人驾驶汽车所能带来的好处和对人们生活质量的提升等都取决
于无人驾驶汽车的商业化落地，即大众对其的接受度与使用度。毋庸置疑，
消费市场发展的速度和规模往往是由消费者是否接受该产品和使用方式决定
的。而现阶段的研究表明，虽然无人驾驶技术已经准备就绪，但是未来消费
市场对其的接受程度与市场反响还尚待探究。潜在消费者是如何看待无人驾
驶汽车的，对无人驾驶汽车的接受程度如何，是否愿意购买无人驾驶汽车，
以及使用场景的偏好等问题都有待深入了解与探究。同样，大量研究发现，
了解潜在消费者对无人驾驶汽车的态度至关重要，因为消费者有能力决定无
人驾驶技术应当具备的功能、管理该技术的政策和法规，以及影响未来国家
对相关基础设施的投资等。换句话说，无人驾驶汽车的未来将由消费者决
定，他们有权力选择接受或拒绝使用无人驾驶汽车。

　　从理论角度看，消费者行为意向是预测消费者实际购买行为的最直接
和最重要因素。从市场角度看，能够了解和预测消费者对无人驾驶汽车的
态度和接受程度，将有助于开发最适合消费者需求的无人驾驶系统，避免
在产品推广阶段出现问题，尤其是对于这种新技术，消费者的使用意向格
外重要。据交通专家预测，一旦消费者对无人驾驶汽车有了深入的了解，
他们的接受度和使用意愿会大幅提升。[1] 而到目前为止，消费者对无人驾

---

　　[1]　Zmud J., Sener I. N. & Wagner J. Consumer acceptance and travel behavior: Impacts of automa-ted vehicles [Z]. (2016-01-01). [2022-10-17].

驶汽车的了解与认识仍旧处于初级阶段。因此，了解消费者是如何看待无人驾驶汽车，是否会愿意购买，出于什么原因购买，他们对无人驾驶汽车的期望是什么及有何担忧和顾虑等，这些都至关重要。同样，毕马威在2013年的行业分析报告中强调，在无人驾驶汽车正式面向消费者进行推广之前，仍有一系列关键问题尚未得到回答。例如，消费者对无人驾驶汽车可行性的看法，影响消费者接受无人驾驶汽车的关键因素有哪些，以及这些因素是如何影响消费者的使用意向等。

尽管自2013年以来有越来越多关于无人驾驶汽车的研究，但其中大部分都聚焦在无人驾驶汽车的技术方面和可行性上，而没有试图探究消费者潜在的行为转变和使用无人驾驶汽车的潜在动机。有些研究确实揭示了消费者对无人驾驶汽车的看法，并研究了可能影响其接受程度的重要因素，而这些研究中有一半以上是以在线问卷调查的方式进行的。这意味着现有的研究结果在某种程度上可能是滞后的，且无法全面地反映出消费者是如何看待无人驾驶汽车的出现，因为没有足够的研究是通过面对面访谈的方式来深入了解和分析消费者对无人驾驶汽车的看法。事实上，之前的研究已经提到，仍有一些未被挖掘的因素，即变量会影响消费者使用无人驾驶汽车的意向。此外，经常被用来研究无人驾驶汽车接受度的理论也受到了一些研究者的质疑与批判，他们认为经典的技术接受模型（TAM）、整合型信息技术接受和使用模型（UTAUT）及其拓展模型并不能全方位地解释影响消费者接受无人驾驶汽车的重要因素。此外，汽车制造商大都过度将目光与资金聚焦在对无人驾驶汽车的技术开发环节中，努力集中资源去提高汽车自动化水平，即从有限的自动驾驶发展到完全自动驾驶，而忽略了对未来产品销售市场的深入了解与分析，通过深入访谈来探究消费者使用无人驾驶汽车的潜在动机是什么，以及消费者对无人驾驶汽车的使用诉求都有哪些。而这正是当前车企在日益激烈的市场化竞争中需要分析的机遇与挑战，无论无人驾驶汽车有多先进，了解消费者的态度和他们的购买意图才是至关重要的，这将有助于企业制定和优化其产品性能和营销策略。关于上述问题的回答将为无人驾驶汽车制造商、企业营销战略的制定及相关法律法规和政策的制定提供非常有价值的信息。同时，这些答案对于每一个汽车企业而言都是非常重要的，也值得汽车企业从本源出发、立足于当下，去思考与探寻自身在无人驾驶技术浪潮中的发展方向与姿态。

1.2　研 究 现 状

尽管目前与无人驾驶技术相关的研究和规划很多，但是深入了解与剖析消费者对无人驾驶汽车的看法、影响消费者使用意向的主要因素、无人驾驶汽车对人们出行方式的影响和交通规划者应当采取的措施等方面的研究甚微。

通过回顾与梳理有关无人驾驶技术和无人驾驶汽车在前期研究阶段的成果与发现，结合"消费者—科技"交互领域的理论和研究模型，发现目前该领域的研究不足主要表现在三个方面，即尚有潜在影响因素未发掘、对个人因素的分析不足和研究方法的单一性。

1.2.1　潜在影响因素尚待发掘

了解潜在消费者对无人驾驶汽车的看法和使用意向能够使汽车企业意识到无人驾驶汽车在进入大众市场前可能会面临的机遇与挑战，以便将有限的企业资源更加合理地进行配置，同时有效地打开消费者市场，进行精确的广告投放来吸引消费者购买产品并培养客户忠诚。

第一个研究不足为早前的研究绝大部分依赖于技术接受模型，通过在原有模型的基础上加入新的影响因素来分析消费者对高级别自动驾驶系统的接受程度。传统的技术接受模型认为，感知有用性和感知易用性是消费者使用科技产品行为意向的主要决定因素，同时又会直接影响消费者的购买行为。在对无人驾驶汽车接受度的研究中，国外研究学者威廉·佩雷等（William Payre et al.，2014）将 TAM 理论与之前的可接受性、个性特征和对自动驾驶的行为适应性三个因素结合起来，研究了消费者使用无人驾驶汽车的意向，研究中的方差解释率为 67%。然而，塞巴斯蒂安·奥斯瓦尔德等（Sebastian Osswald et al.，2012）批判了在汽车领域研究中采用 TAM 理论的做法，因为 TAM 理论的提出是基于桌面计算机系统设计而诞生的，其运用背景和汽车领域相差甚远，因此它们所具有的背景特征是截然不同的。那么与汽车相关的各类因素应当被考虑在研究中，如移动状态、环境条件或此类先进汽车技术的特性等。因此，塞巴斯蒂安·奥斯瓦尔德（Sebastian Osswald，2014）提出了汽车科技接受模型（CTAM），它将安全和焦虑因素与 UTAUT 模型进行了结合，用以解释驾驶员对先进车载技术的接受情况。然而，研究者只是检验了变量的信度，而没有从实证的角度去探究这些因素是如何影响消费者对此类驾驶技术的接受程度的。

UTAUT 模型也经常被用来解释技术接受程度或者"消费者—科技"互动行为，该理论解释了大约 70% 使用行为意向的影响因素，但在汽车相关领域的研究中，该模型的解释力明显降低。例如，马迪根（Madigan，2016）证实了 UTAUT 模型中重要的影响因素可作为预测变量，预测自动道路运输系统的接受度，而预测变量在此研究模型中只解释了 22% 的方差。同样，爱迪尔（Adel，2010）也采用了 UTAUT 模型来研究驾驶员辅助系统的接受程度，研究模型也只能解释 20% 的影响因素。这些都表明，影响消费者使用无人驾驶汽车的重要因素很难通过已有的 TAM 模型、UTAUT 模型及其扩展模型来解释，因此需要有创新性的、适时性的研究模型被提出。[1]

一般来说，在消费者行为研究领域，享乐因素对实用性因素起着关键的影响作用，这一点是与组织研究领域的结论有很大区别。关于无人驾驶汽车，我们可以想象，在自动驾驶模式下，司机的角色可能转变为乘客，其不需要干预汽车的驾驶，这意味着司机可以解放双手，在座位上放松，从而可以在车辆行驶过程中做其他想做的事情。或者享乐因素可以简单地表述为对正常运行的、可信赖的驾驶系统所表现出的包括享受、有趣和放

---

① Madigan R.，Louw T.，Dziennus M.，et al. Acceptance of Automated Road Transport Systems（ARTS）：An adaptation of the UTAUT model［J］. Transportation Research Procedia，14（2016）：2217－2226.

松在内的一种情感反应。与此同时，对无人驾驶汽车的接受有阻碍作用的因素也需要探究。而焦虑作为消费者对无人驾驶汽车的某种情感反应，已被证实是消费者接受无人驾驶汽车的决定因素和中介变量。焦虑这一因素也是"消费者—科技"互动中与用户隐私和数据安全问题密切相关的一种负面情绪。

先前的学者在研究过程中也得出了一些矛盾的结论，如感知到的好处，包括增加愉快的体验、减少驾驶员的工作量和解放司机的双手，可能会在某种程度上增加消费者对自身驾驶技能退化的担忧。这种因素的复杂性也同样体现在社会影响因素中，即如果使用无人驾驶汽车，消费者可能会在意周围人的看法（如朋友、同事或邻居），因为消费者可能认为使用无人驾驶汽车会被看作是承认自己驾驶技术不佳的一种表现。这种两难的困境已经出现在消费者使用高级驾驶辅助系统中。换句话说，个人接受或采用无人驾驶汽车的意愿也可能受社会压力因素的影响。而另外，社会影响因素又可能会刺激消费者使用无人驾驶汽车的意向，如家人和朋友买车的期望。班萨尔等（Bansal et al.，2016）早在2016年的研究中就发现，如果身边的朋友或邻居使用无人驾驶汽车，消费者会感受到一定程度的社会压力，因此他们也会想要购买同款车辆。较为合理的解释为，率先拥有一辆无人驾驶汽车会让人联想到身份的象征。另外，我国消费者的购买行为很大程度上会受到社会因素的影响，追其原因可以归为需求社会认同感、从众心理和面子心理。因此，在思考与分析我国消费者是如何看待无人驾驶汽车及其使用意向时，应当将社会因素考虑进去。

综上所述，新的影响消费者接受无人驾驶汽车的重要因素正在出现，但这些因素是如何影响消费者的使用意愿及其影响程度和影响机理都尚待研究。因此，未来的研究在探索和重塑汽车背景下的相关技术接受模型仍有很大空间，特别是在最先进的驾驶技术和无人驾驶汽车方面。

1.2.2　对个人因素的分析不足

第二个研究不足表现为关于探讨和分析消费者因受个人因素影响而对

无人驾驶汽车表现出不同接受度的研究是非常有限的。之前的研究注意到，有些消费者表现出较高的倾向愿意接受无人驾驶汽车，而有些消费者则不太情愿接受这种新生科技产品，更愿意等到无人驾驶汽车经过一段时间的市场检验后再考虑是否使用。这种消费心理反应的是什么样的个人特性？个人因素又是如何影响消费者接受新的科技产品？就个人特性而言，多种类型的消费者个人特性可能都会影响其对无人驾驶汽车的接受程度。早前的研究已经表明，个人特性因素会影响消费者感知和其使用意向之间的关系，经常作为调节变量在消费者行为模型中得以验证。[①] 在无人驾驶汽车的研究背景下，如个人操纵感，即有些消费者偏好手动操纵，而也有很多消费者乐于让自动驾驶系统接管司机的角色。因此，考虑个人特性因素是很有必要的，因为它可以有效辨别那些仍然愿意成为车辆控制者的消费者，即使驾驶员的角色已经在自动驾驶情况下被取代。对于此类消费者，确保其在自动驾驶模式下对车辆依旧享有一定程度的控制权是非常重要的。从实践的角度来看，这些研究结果将有助于无人驾驶汽车更加个性化的广告宣传与推送，从而吸引不同类型的消费者并满足其购车需求，增加无人驾驶汽车在大众消费市场的欢迎程度。

此外，性别在"消费者—科技"产品交互的研究中也起着非常重要的作用，通常情况下，男性和女性对待科技产品的态度是存在差别的。[②] 现有的研究已经指出，男性消费者更倾向于使用无人驾驶汽车，因为他们对无人驾驶汽车在技术、性能、泄露个人隐私等方面的担忧较低。克里斯托夫·霍恩伯格等（Christoph Hohenberger et al.，2016）注意到，男女所表现出的使用无人驾驶汽车意向的不同是可以通过他们对待无人驾驶汽车时的情感反应来解释的，如焦虑和愉悦。因此，进一步的研究可以探究消费者看待无人驾驶汽车时所持的情感因素是如何对其使用意向产生影响，又是如何在性别差异中呈现出来的，这一系列的研究对无人驾驶汽车市场化

① Payre W.，Cestac J. & Delhomme P. Intention to use a fully automated car：Attitudes and a priori acceptability［J］. Transportation Research Part F：Traffic Psychology and Behaviour，2014，27：252 – 263.

② KPMG. Self – driving cars：Are we ready?［R］. 2013.

推广至关重要。

年龄作为另一个重要的人口统计学变量，在相关研究中，不同年龄段的消费者对无人驾驶汽车所持的看法与接受度都是不同的。相较于18～25岁的消费群体，25岁以上的消费者会更欣赏、称赞无人驾驶汽车带来的乐趣。[①] 然而，也有研究提出相反的结论，即老年人比年轻人更不愿意使用先进的科学技术，而且年长女性往往比年轻女性对使用无人驾驶汽车表现出更多焦虑。[②] 关于不同年龄段的消费者看待无人驾驶汽车的研究结果是较为复杂的，并受到其他地域因素的影响，例如，东西方文化差异、发展中国家和发达国家差异等。因此，要想充分了解我国消费者对无人驾驶汽车的看法及使用意向应当基于我国消费者的调查数据进行分析，并考虑不同年龄层消费者的差异性，这将使得研究结果更具指导意义。

尽管相关研究强调，个人因素在解释不同消费者使用无人驾驶汽车的意向方面发挥着重要作用，但很少有研究试图探讨上述关于个人因素在消费者接受无人驾驶汽车方面的影响是如何产生的及作用机理。因此，我们需要在研究中将个人特性和人口类因素视为研究变量去探究消费者对接受无人驾驶汽车的态度及其接受程度，通过将此类研究变量设定为调节变量在研究模型中进行分析。

此外，威廉·佩雷等（William Payre et al.，2014）呼吁未来的研究可以将个人对科技的兴趣作为一个重要因素去研究消费者对无人驾驶汽车的接受度，因为对新技术有较高兴趣的人可能比其他人更热衷于使用无人驾驶汽车。这可以用个人创新性这个名词来形容此类个人特性，指的是个人对新科技产品的热衷程度，研究结果也表明，这种个人特性会影响消费者对新型技术的认知，并会使消费者采用更加积极的态度去接受和使用新技术。

此外，与喜欢驾驶的人相比，无人驾驶汽车对非驾驶爱好者有更大的吸引力。这与另一种个人特性有关，即享受驾驶。据预判，这种特性与消

---

① Wood S. Generation Z as consumers: Trends and innovation [R]. Institute for Emerging Issues: NC State University, 2013: 1-3.

② KPMG. Self-driving cars: Are we ready? [R]. 2013.

费者对无人驾驶汽车的接受程度有显著关联，并对其使用无人驾驶汽车的意向产生反作用力。与此同时，之前的研究也指出了一些因为个人特性不同所呈现出的研究矛盾点，例如，追求"刺激或冒险"的人更倾向于使用无人驾驶汽车，尽管将驾驶任务全权交由系统可能会减少亲自驾驶时所带来的冒险体验。因此，个人特性变量在技术接受中的作用，特别是聚焦在无人驾驶汽车这一背景下，则需要通过个人特性变量与认知变量之间的关系来详细研究与剖析。

以往的研究已经分析了社会人口因素，如性别、年龄、驾驶经验和收入等，作为补充要素进一步解释消费者使用无人驾驶汽车的意向。需要注意的是，此类个体差异因素在消费者接受无人驾驶汽车方面发挥着重要作用。有趣的是，之前的研究在性别和年龄方面呈现出截然相反的结论，有些研究称男性比女性更愿意使用无人驾驶汽车，有些研究则显示女性也愿意使用无人驾驶汽车。此外，大量研究已经注意到并强调消费者年龄这一因素在市场营销中的重要性。尽管之前的研究表明消费者的认知和行为意向会因为年龄的不同而呈现出不同的表现，但几乎很少有研究阐述不同年龄段，即代际之间的差异。例如，有些研究表明，年轻消费群体比年长消费群体呈现出更为开放的姿态来面对无人驾驶汽车的出现。相反，克里斯蒂娜·罗德尔等（Christina Rödel et al.，2014）观察到，随着年龄的增长，消费者对无人驾驶汽车的使用意向会增强。

最新的研究强调，零售商们应该做好准备来迎接不同年龄段的消费群体，特别是在人口学领域被称为"Z世代"①的消费群体，其也被称为"后千禧一代"，他们大多出生于1995年或更晚（截至2022年，年龄不到27岁）。"Z世代"受到西方文化的影响较多，较容易接受新的科技产品，他们被看作是未来销售市场的主流消费者，并被视为市场营销和零售业所要面对的最大挑战，特别是对于先进科技产品的市场化推广。因为"Z世代"渴望定制化和个性化的产品，并且对企业、品牌和零售商抱有更高的

---

① "Z世代"被称为"后千禧一代"，特指出生于1995之后，截至2022年，年纪小于27周岁的消费群体。

期望，在乎"体验感"，但消费者忠诚度不如"X世代"① 与"Y世代"②
的消费群体。年轻的驾驶员对待驾驶也不像年长的驾驶者一样抱有较高的
热情，开车对于年轻驾驶员而言更多像是浪费时间，需要他们从社交媒体
和享受互联网的时间中抽出空档，他们的主要目的是到达目的地，因此，
更希望自己的时间以自己所偏好的方式被"消耗"。而对于汽车行业而言，
"Z世代"也即将在2030年成长为市场的主要消费群体。目前，来自不同
世代组的潜在消费群体已经逐渐形成一个多年龄层的消费者体系，这无疑
对汽车制造商和销售商们提出了更具挑战性的要求，即企业要更加深入地
了解他们的目标客户群体，为未来的市场发展做足准备。因此，研究"Z
世代"和年长消费者们对待无人驾驶汽车所持有的态度与使用意向是非常
迫切和极其必要的。

1.2.3 研究方法单一

目前在有关消费者接受无人驾驶汽车的研究领域，鲜有研究是采用定
性与定量相结合的方法进行实证研究，通过深入了解潜在消费者对无人驾
驶汽车的看法及观点，进而更深层次地研究消费者对无人驾驶汽车的接受
程度。目前为止，在线问卷调查是研究者们最常使用的数据收集方法，研
究者们通过该方法来了解消费者对无人驾驶汽车的接受度，即通过数据分
析来判定影响消费者使用意向的重要因素。内维尔·斯坦顿和马克·杨
（Neville A. Stanton & Mark S. Young，2000）批判用这种方法进行的研究会
受限于有限的变量。值得注意的是，在消费者使用无人驾驶汽车的行为意
向背后还有一些未被发掘的影响因素，而访谈的方式则可以更好地发掘出
这些潜在因素。

此外，早前仅使用定量或定性方法进行实证研究的文献也很难完整地
呈现出消费者对无人驾驶汽车的看法和行为意向。例如，克里斯托夫·霍

---

① "X世代"是指1965～1980年出生的人，是未知、迷茫的一代。
② "Y世代"是指1980～1995年出生的人，又叫"千禧一代"。Y世代经历了个人电脑和因
特网的迅速普及，由此形成了与"X世代"截然不同的生活态度和价值观。

恩伯格等（Christoph Hohenberger et al.，2016）发现，情感因素可以弱化因为性别差异所呈现出的男女接受无人驾驶汽车的不同意向，但由于数据是通过在线问卷调查的方式收集的，因此缺乏更加详细的数据来解释这一点。毕马威汽车团队则是通过直接与潜在客户进行沟通，询问如果无人驾驶汽车投入商业化销售且驾驶安全，他们是否会使用，但是没有进一步挖掘与分析影响消费者使用无人驾驶汽车意向的潜在决定因素是哪些，也没有阐明这些因素是通过何种作用机制对消费者的决策产生影响。其中，最关键的问题是要明确这些影响因素对消费者使用意向的确切影响程度。因此，在探索和评估消费者使用无人驾驶汽车意向的重要决定因素时，必须采用混合研究方法，用大量定量和定性数据来解释所得到的结论。只有通过这种方法，结果的准确性才会得到提升，才能为汽车制造商与销售商提供更加有效的营销策略指导方针。

1.3 研究方法

通过对早期关于无人驾驶汽车的市场化推广等文章的研究与梳理，本书旨在进一步深入了解和分析消费者对无人驾驶汽车的看法及其使用意向。同时，探讨和评估影响消费者看法和使用意向的重要因素都有哪些，以及这些因素是通过何种作用机制对消费者的使用意向产生影响。因此，本书主要聚焦的研究问题包括以下四点。

（1）潜在消费者是如何看待无人驾驶汽车的？

（2）影响消费者使用无人驾驶汽车意向的潜在因素有哪些？

（3）影响消费者使用无人驾驶汽车意向的重要因素有哪些？

（4）各重要因素是如何影响消费者使用无人驾驶汽车的意向，重要因素对使用意向的影响程度如何？

为了回答主要研究问题及达到研究目的，笔者采用了三步走的方法，此方法与所涉及的研究问题相互呼应。第一步是回顾技术接受领域有关营销学、社会学和消费者心理学等研究，以便更好地了解消费者行为背后的理论和原理基础，同时全方位了解消费者对无人驾驶汽车和自动驾驶技术的真实看法。文献综述为笔者设计实证研究提供了一个方向和基本框架，其中包括定性研究（第二步）和定量研究（第三步）。第二步的目的是进行半结构化访谈，以便更好地了解参与者对无人驾驶汽车的想法和看法。经过这一过程，核心主题和次要主题被筛选出来，并被归纳为不同的概念组。第一步和第二步的研究将为问题（1）和问题（2）提供答案。第三步的目标是探究和分析重要影响因素及其对消费者使用无人驾驶汽车意向的影响。研究结果是基于调查问卷的实际回收情况和结构方程模型得出的。通过上述步骤，问题（3）和问题（4）将得到具有信服力的统计数据用以解释消费者使用无人驾驶汽车的意向情况。

1.4　研究意义

本书中所列研究结论将为未来无人驾驶汽车商业化落地提供有效的参考建议，从理论的角度详细剖析与解说消费者认知和行为背后的理论逻辑，同时也为未来的相关研究指明了一个新的方向。研究意义可以归纳为以下四点。

首先，本书提出了新的理论模型，分析消费者对无人驾驶汽车的看法，以及阐明这些看法是如何影响消费者对产品的使用意向的。该研究通过对理性行为理论（TRA）进行全面剖析，在无人驾驶汽车的研究背景下扩展了该理论的应用。引入的背景因素反映了消费者对无人驾驶汽车的看法，通过对态度等信息的梳理与筛选，关键因素被分为三类，即促进因素、阻碍因素和个体差异因素，然后与TRA模型融合。这些因素对使用意向的直接影响证实了"观点—态度—意向—行为"之间的因果关系具有普适性，不会因为研究对象的改变而发生改变。书中所探讨的调节变量进一步阐述了消费者接受无人驾驶汽车的态度会受何种因素的影响及影响机理。该模型解释了使用无人驾驶汽车意向的76%的影响因素，超过了以往基于技术接受模型（TAM）或整合型信息技术接受和使用模型（UTAUT）

的研究。

其次，本书调查与分析了使用无人驾驶汽车意向的重要决定因素，并将其与其他研究者经常提到的影响因素综合起来，例如，舒适感、享乐动机和个人特性（如驾驶激情和个人创新能力）。研究结果表明，消费者对无人驾驶汽车的态度、感知享受和感知出行效率对其使用无人驾驶汽车的意向有积极影响。感知乐趣和感知社会效益对消费者态度有正向影响。同时，消费者对无人驾驶汽车的担忧，包括技术问题、黑客攻击和隐私问题、滞后的法律法规、售价高及驾驶技能的退化等，都对消费者的使用意向产生了阻碍作用。

值得注意的是，研究验证了对驾驶的热情这一因素在消费者对无人驾驶汽车的看法和使用意向之间起调节作用。因此，对驾驶热情高的消费者与对驾驶热情低的消费者相比，感知到的愉快感对其态度的积极影响较小。对驾驶热情高的人来说，他们对无人驾驶汽车所持的态度对使用意向的积极影响要小于那些对驾驶热情低的消费者。这是因为驾驶热情与消费者对无人驾驶汽车的接受程度两者之间呈显著相关，并对使用意向产生负影响。换言之，热情或激情作为一种心理因素，可以用来解释消费者对无人驾驶汽车的不同看法和使用意向。毫无疑问，驾驶热情这一因素作为调节变量可以帮助我们更好地理解自变量（如感知到的愉快感和担忧）和因变量（如对无人驾驶汽车的态度和使用意向）之间的关系和密切程度。同时，在考察社会人口学变量时，25 岁以上的顾客比年轻顾客（年龄在 18 ~ 25 岁）对感受无人驾驶汽车的愉快体验有更高的期望。

再次，该研究通过面对面访谈的方式充分地将潜在消费者对无人驾驶汽车的观点考虑在内，更全面且深入地剖析消费者使用无人驾驶汽车的意向。之后进行了定量研究，用以探究和评估影响消费者使用无人驾驶汽车意向的重要决定因素，并确保研究结果具有较高的可推广性。通过这样的方法，本书所阐述的内容可以准确地解答一系列有关无人驾驶汽车商业化推广前所需要明晰的重要问题，即消费者对无人驾驶汽车的出现有何看法，哪些因素对消费者接受无人驾驶汽车至关重要，以及这些因素是如何影响消费者看待无人驾驶汽车的态度和使用意愿。因此，本书全面且准确地分析了影响消费者使用无人驾驶汽车意向的决定因素，以及这些因素是如何对使用意向产生不同的影响。值得注意的是，本书研究部分采用的混合研究法优于早前的研究，早前研究多数采用单一的方法来解释消费者对无人驾驶汽车的接受程度，而在解释所得结果方面因为数据的不充分而无法更有效地给出解释，这是使用单一研究方法的弊端。

最后，本书为新挖掘的影响因素提出了测量构架。例如，感知出行效率，被定义为个人认为无人驾驶汽车能够改善用户出行效率的程度，有三个测量项可以用来衡量此要素；感知到的帮助，指的是个人认为使用无人驾驶汽车会给出行带来便利的程度，可用四个测量项来衡量；感知社会效益，指的是个人相信或期望无人驾驶汽车能够带来一系列的社会效益，可以用四个项目来衡量；驾驶热情，被视为一种个人特性，特指个人对驾驶的热爱程度，用三个测量项来衡量。此外，对其他因素的测量量表则根据本书的研究背景做了调整，使之更符合研究语境。通过统计分析，这些测量量表都具有较高的可靠性和有效性。后续研究可以在此基础上进一步完善量表内容，使之符合研究背景的需要。

此外，本书所列的研究结果和研究发现可以为无人驾驶汽车发展中的利益相关者提供一系列战略指南，包括汽车制造商、营销商、政策制定者和政府机构。这些利益相关者们应该搭建起合作平台共同应对阻碍消费者接受无人驾驶汽车的各种因素，如技术问题、监管和政策的相对滞后、黑客攻击和隐私问题，还要尽力满足消费者对无人驾驶汽车的期望。基于本书所述的研究结论，其实际的指导意义及启发意义可以罗列为以下四点。

（1）市场营销经理应该在产品宣传中强调无人驾驶汽车可以给用户带来的各种好处，例如，节省通勤时间、解放司机的双手、做其他紧要的事情、增加移动出行的便捷性、减少交通排放及缓解交通拥堵。在这些预期的好处中，广告文案应该更多宣传使用无人驾驶汽车将会带来的愉悦感受，如精神上的放松和难得的休息契机，以及一个可以小憩和缓解驾驶压力的私人空间。这些宣传点对 25 岁以上的顾客会产生较有效的吸引力。

（2）汽车制造商应努力实现无人驾驶汽车所能带来的社会效益（例

如，减少碳排放和燃料消耗、缓解交通拥堵、解决停车难问题、释放更多公共空间、减少交通事故及构建可持续发展的交通网络等），这些社会效益的实现会大幅度提升消费者对无人驾驶汽车的积极态度。此外，在进行无人驾驶汽车的定价之前，必须考察普通汽车的销售价格，并进行市场调研，了解消费者预期的心理价位。

（3）研发部门的管理人员应该带领团队强化及优化安全保障系统，防止黑客恶意攻击，避免客户个人信息的外泄，减少消费者对个人隐私曝光的担忧。通过加密、匿名化、个人信息最小化和定期销毁数据等方法将有助于保护个人信息和防范隐私风险。

（4）相关政策制定者和政府机构应明确规定在何种情况下允许使用无人驾驶汽车，并明晰消费者和无人驾驶汽车制造商之间的权利与责任，以便应对无人驾驶汽车广泛使用后可能会出现的一些消费者与企业之间的纠纷问题。

简而言之，本书所总结出的结论及对无人驾驶汽车的市场化销售所提出的建议等都可以帮助市场参与者们将宝贵的资源，包括营销预算、人力资源、时间和建设成本等投入正确的地方，从而根据不同的消费者需求制定精准的营销策略。

第 2 章

无人驾驶汽车消费者
市场研究概述

第 2 章的目的是整理及梳理涉及技术接受类的文献，以及有关市场营销、社会学和消费者心理学方面的相关知识。笔者将通过回顾无人驾驶汽车接受度方面的研究成果与所做的大量研究，充分了解影响消费者使用意向的重要因素都包含哪些。同时，本章将阐述与解释消费者行为意向背后的相关理论与原理。

本章节首先回顾了一系列基于认知的行为理论，包括理性行为理论（TRA）、计划行为理论（TPB）、技术接受模型（TAM）和整合型信息技术接受和使用模型（UTAUT），以及与汽车相关的汽车技术接受模型（CTAM），同时介绍了消费者行为形成的基本原理，即"观点—态度—意图—行为"。结合已有文献和研究成果，笔者对已挖掘的影响消费者接受无人驾驶技术和无人驾驶汽车的因素进行了梳理，大致可以分为促进因素、阻碍因素和个体差异因素。其中，促进因素包括感知出行效率、感知帮助性、感知社会效益、感知享受性和用户态度；阻碍因素包括技术问题、黑客及隐私泄露问题、相关法律法规滞后及购买成本较高；个体差异因素包括个人创新性和对驾驶的热爱，以及社会人口因素（如年龄、性别和驾驶经验等）。

2.1　无人驾驶汽车的概念及目前应用

无人驾驶汽车可以自动导航和识别交通信号灯，使用特殊的传感器和科技，如雷达、GPS 和电脑视觉。很多我们熟知的汽车制造厂商包括通用汽车、福特汽车、大众汽车和沃尔沃汽车都在测试无人驾驶汽车系统。先进的控制系统可以解释感观信息，以确定合适的导航路径、识别障碍物和相关的标识。一些无人驾驶汽车是通过感官信息的输入去进行地图的更新，使得车辆可以保持位置追踪，以便应对环境的改变或是进入未知环境。

谷歌的无人驾驶汽车能够感知车身周围环境、行人甚至交通信号灯。但是与传统汽车不同的是，无人驾驶汽车有 360 度的视角，汽车可以详细地呈现 360 度无死角的周围环境，并且与之前收集到的数据进行比较。无人驾驶汽车能够更好地使用道路空间，即无人驾驶汽车的广泛使用可以使车辆之间的间隔距离更加安全并且在缩短间距的同时占据更少的道路空间、减少交通拥堵和缩短路途时间。

众多的研究都表明无人驾驶汽车具有很大的潜力，但是我们应当避免无人驾驶汽车像 19 世纪内燃机那样对城市的发展产生一定的负面影响。在 19 世纪，铁路的发展导致人口集中在城市地区。在 20 世纪，内燃机产生的影响则恰恰相反，即汽车的高拥有率导致了人口的分散，这在美国等地广人稀的地方体现得更为突出。因此，从某种层面来讲，如果无人驾驶汽车导致人口密度降低或更高的车辆使用率，这对经济和环境都是不利的。未来经济的发展在一定程度上取决于高密度的商业和住宅发展及合理的公共交通模式。

无人驾驶的概念或者低级别的无人驾驶汽车已经在很多场景得到应用。例如，伦敦的希思罗机场已经运行了 5 年的无人驾驶舱，整个系统由 21 部车辆组成，共有 3.8 公里的单行轨道和 3 个停靠点，其中两个是在 5 号航站楼的商务停车场，一个在 5 号航站楼主体。伦敦地铁中朱比利线、维多利亚线和中央线都有自动驾驶列车运行，同时在驾驶室配有驾驶员。迪拜和巴黎的地铁也都实行无人驾驶，巴黎的地铁 1 号线转为自动运行后员工人数由 250 人已经减少到 40 人。在美国，已经有四个州（加州、内华达州、密歇根州和佛罗里达州）颁布相关法律允许无人驾驶汽车在公共道路上运行，当然这种情况下是允许驾驶员对车辆进行控制的。这类车辆已经具备了自动驾驶所需的诸多性能，比如，自动停车入库和车道检测。从现在开始设计的地铁系统都将向无人驾驶的方向发展，尽管从手动驾驶到无人驾驶是无法一步到位的，在技术上需要时间来过渡。对于老旧的地铁网络而言，唯一的问题就是如何迎头赶上无人驾驶技术的浪潮。就伦敦地铁而言，其计划购买 250 辆能够自主运行的列车，并投放在几条主要铁路干线上，以大幅提升地铁运力。在英国道路上，作为低碳城市交通区域计划的一部分，无人驾驶小型车辆已经在米尔顿恩斯进行道路测试。这是汽车委员会和当地政府部门之间的合作，得到了商业创新和英国交通研究中心的支持与资助。在此次试验区域，100 辆无人驾驶的车辆与行人、骑行者及道路中其他车辆一起运行，因此整个测试场地可以被看作是微缩版的真实世界①。该项目致力于开发一个自动化的公共交通系统，使用轻型双座无人驾驶汽车，由牛津大学移动机器人研发组提供技术，在市中心的步行区域运营。此区域包含了城市的商业、零售和休闲娱乐空间，有超过 10 万名游客经过这里，该区域链接了位于西南端的主要地铁站和休闲区，以及城市公园。在无人驾驶汽车的主题下，将开展两个项目，其目的是提升无人驾驶车辆基础技术的开发水平，同时对可能引发的社会问题进行深入了解。例如，公众对无人驾驶汽车的反应、在人车混行的区域自动驾驶汽车可能存在的实际问题、与之相关的立法框架、不同类型的权责归属和商业模式的探索，以及运营商如何从提供的服务中获利。

　　同时期，我国的无人驾驶技术研发也在如火如荼地进行着。2020 年 11 月，百度在北京推出自动驾驶出租车服务，服务范围包括经济技术开发

---

①　David Begg. A 2050 vision for London：What are the implications of driverless transport［R］. 2014.

区、海淀区、顺义区等数十个自动驾驶出租车站点，乘客可以免费试乘自动驾驶出租车服务。在此之前，Apollo Go Robotaxi已经在长沙和沧州进行了无人驾驶车辆道路测试。我们可以看到，无人驾驶汽车领域的发展是漫长且艰辛的，需要经过数以千万次的测试和逐步推进才能步入下一阶段，最终实现乘用车商业化①。

目前，无人驾驶的主流使用场景有三种，根据实现的难度从高到低依次为城区、停车场、高速/环路。全场景闭环场景则是汽车可以在不需要驾驶员干预的情况下自动完成驶出车库、城区自动驾驶、高速环路自动驾驶和自动泊车这一整套动作。要实现这样的驾乘体验，还需要一段时间来提升无人驾驶技术及进行相关配套设施的建设。目前，无人驾驶技术主要应用于封闭路段或区域的既定行驶路径，例如，无人驾驶机场摆渡车、物流配送中的"最后一公里"末端配送、港口矿山等封闭环境的无人运输等生产生活场景。

尽管完全无人驾驶的汽车还没有面向公众推广，但目前市面上很多汽车都具备有限的自主功能，包括自适应巡航控制，该系统可以检测同一车道上前后车的距离，根据交通状况调整车速，提供车道辅助，以防止车辆在行驶过程中偏离车道，或提醒司机车辆偏离车道，并提供停车辅助功能。保守估计，2050年大多数自主驾驶汽车可以实现完全独立于驾驶员控制进行运行。

2.2　无人驾驶汽车的潜能

无人驾驶汽车之所以备受推崇，与其所能带来的潜在优点密不可分。无人驾驶汽车的普及所带来的优点是有效减少人为造成的道路事故、缓解交通拥堵、控制燃料的消耗和废气排放量、缩短行程时间，特别是减少上

---

① 蓝鲸财经. 文远知行公布Robotaxi运营一周年数据，计划3~4年内推出全无人驾驶出租服务［R］.（2020－11－25）.［2022－10－18］.

班族平时花费的通勤时间等社会效益。但要实现这一目标，需要整个社会的接纳和新的所有权、法律法规的制定。

自动驾驶道路车辆的发展有以下四个阶段。

第一级：特定功能的自动化。特定控制功能的自动化，例如，自动巡航控制、车辆引导和自动平行停车。

第二级：组合功能自动化。多种和综合控制功能自动化，例如，自适应巡航系统控制和车道中心控制。驾驶员负责监控整个路段的行驶情况并在必要时接管控制，在某些特定情况下可以不用操控车辆。

第三级：有限的自动驾驶。驾驶员可以在特定条件下放手所有的安全关键功能，并依靠车辆监控这些路况变化，在必要条件下驾驶员可以收回控制权。在这一级别的自动驾驶条件下，驾驶员不需要无间断地监控道路情况。

第四级：全自动驾驶。车辆可以执行所有的驾驶功能，并且在行驶过程中全程监控道路情况，因此可以在乘坐者不驾驶的情况下或者没有乘坐者的情况下运行。

一些有关无人驾驶汽车可能产生的影响和说法是夸大和不成熟的。我们在这里提及的无人驾驶汽车所能带来的优点是基于最高级别的无人驾驶技术得以实现，同时道路交通中的车辆可能需要几十年后才能够表现出这种水平的无人驾驶功能。政府和道路监管部门面对的挑战则是何时才能允许半自动和全自动无人驾驶车辆上路，以及在什么条件下行驶。有关数据显示，预估到2035年，市面上销售的汽车75%可以达到3级或者4级的自动驾驶功能。汽车制造商和高科技公司等，例如，谷歌已经迅速展开了无人驾驶汽车的研发与测试。负责监管车辆和道路使用的公共机构也将对此做出回应。即在什么情况下他们会准许无人驾驶汽车出行？需要什么样的道路配套技术与无人驾驶汽车进行沟通？谁负责这些技术的落实？简而言之，我们了解到的现状是监管部门及法律法规相对滞后于技术的发展[①]。

---

① Henry St Leger. Unity's game engine is now developing self-driving cars［Z］.（2018－12－18）.［2022－10－19］.

在自动驾驶的第二级，有一个潜在的问题，即驾驶员"负荷过重"。在汽车自主运行的状态下，如何让驾驶员可以全神贯注地参与到驾驶任务中去，以防万一需要立刻切换到手动驾驶。例如，在大雾、雨雪或者非常拥挤的路况下，自动驾驶系统可能会获取较少或者过量的信息去执行其任务，司机也可能被要求在几秒内需要对车辆恢复控制。如果汽车已经自主运行较长时间，那么驾驶员的注意力很可能已经游离于车辆之外。

如果无人驾驶汽车发生碰撞，最大的问题是谁来承担责任。驾驶员负责？汽车的制造商负责？是否需要"无过错"立法去解决这样的问题呢？这样做是可行的吗？如果这些问题无法得到解决，无人驾驶汽车就不像它的支持者宣称的那样具有革命性。

另外，无人驾驶汽车所带来的其他影响也应当考虑。

第一，无人驾驶为出行带来便捷的同时也会增加乘用车的使用。换一个角度来讲，无人驾驶汽车可以提升城市交通系统的运转效率，使得私家车数量减少，进而减少拥堵和碳排放。然而无人驾驶汽车的便利性将会吸引人们增加乘车出行的频率或增加出行距离，那么车辆行驶里程就会增加，也会导致碳排放的增加。这种现象被称为"回弹效应"，即由新技术带来的期望效益不增反减。胡迪·利普森和梅尔芭·库曼（Hod Lipson & Melba Kurman，2017）在《无人驾驶》这本书中提到，一台家用无人驾驶汽车可以高效率运送家庭成员，但一辆车服务的人员越多，它的行驶里程就会越多。即便未来家庭拥有的车辆数目会减少，但是无人驾驶汽车的使用频率会增加75%。从另一个角度分析，即召唤无人驾驶汽车接送乘客可能意味着汽车要多花两倍的里程来接人。虽然驾车出行将变得没有那么大压力并且更具吸引力，但道路交通的饱和度和拥堵程度可能会增加，这无疑会恶化空气污染状况。而另一个需要考虑的点是，我们在移动和停放车辆时对空间的不充分利用，使得空间的使用效率非常低。有了自动驾驶汽车，车辆之间的间隔距离将会缩小，双车道可以变为三车道甚至四车道。

第二，如果我们出行的速度提升，会导致人们选择居住在距离工作地更远的地方。无人驾驶汽车很有可能逐渐变成我们的家庭和办公室的延伸。我们可以在车内睡觉、休息、吃东西、工作和娱乐。这可能意味着人们相较于他们目前所开的车辆，会准备较长的行程安排。与私人乘用车相比，公共交通目前最具竞争优势，因为乘客在车内的时间可以被有效地利用起来。在公共交通上安装 WiFi 可以加强这点优势。

第三，在由 WiFi 连接的数字时代，人们被吸引到选择乘坐公共交通，主要这种方式可以让乘客们有效地利用行驶时间。这种现象也有可能会拓展到个人出行与无人驾驶汽车之间。路易斯·马丁内斯（Luis Martinez，2019）在《经济学人》杂志上预测过，未来自动驾驶汽车组成的车队会取代城市中以车辆为载体的公共交通，如公交车和出租车。

第四，无人驾驶汽车还可以为以下人群提供私人出行的便捷性，例如，年纪较大的、年纪太小的、因为身体原因而无法自己驾驶车辆的人群。如果无人驾驶汽车真的如它的支持者所说的那样可以有效地减少交通事故的发生，那么车辆的保险金额就有望降低。然而目前，无人驾驶汽车的保险额度是一个阻碍因素，特别是对于雄心勃勃的年轻消费者。

第五，从长远的角度来预测，无人驾驶汽车可能会明显提升高速公路的通行能力，大约是 50% ～ 250%，因为车辆之间的间隔距离将被缩短。在狭窄的道路中四处寻找停车位的场景也将会成为过去式①。使用无人驾驶汽车后所创造出来的富余空间可用于容纳更多的车辆或用于改善人们的生活空间。

第六，对于出行不便的人群，无人驾驶汽车可以以更低的价格提供便捷和灵活的服务，如果无人驾驶汽车成为公共交通的补充方式，那么公共交通管理部门是否会考虑运营此类无人驾驶汽车。在共享无人驾驶汽车为我们提供服务的世界中，目前还不清楚谁将拥有和管理它们。

第七，提供越来越多样化的生活方式和移动互联，使我们的工作模式和生活方式都发生了改变。甚至重塑了我们的城市，特别是低密度人口的城市，公共交通难以与乘用车抗衡。我们可以找到很多的理由来解释无人驾驶汽车将会鼓励更多的自驾旅行而不仅是远距离的出行。

---

① David Begg. A 2050 vision for London：What are the implications of driverless transport［R］. 2014.

（1）老年人和体弱者将能够从使用自己的无人驾驶汽车中受益，他们出行不需要依赖司机接送。

（2）即便很多的父母对于接送孩子上下学需要耗费时间这件事已经做足了准备，但是无人驾驶汽车的出现可以消除家长们的顾虑，即孩子年纪太小不能自行驾车的苦恼。

（3）酒后禁止驾车的法令鼓励大家晚上出门时把车留在家中。无人驾驶汽车的使用可以很好地解决这个问题，特别是对于公共交通不便利的地区。

（4）停车位稀缺的问题将得到缓解，因为无人驾驶汽车将乘客放下后即可离开，或者自行寻找合适的停车位，后续再根据乘客的需要返回接送地点。

（5）人类不再需要走到哪里都带着汽车，因为汽车能够独立行驶到任何人类需要的地方。

我们再来看一下未来无人驾驶汽车之下的道路安全和共享空间。就道路交通而言，无人驾驶汽车有可能有效地减少车祸和受伤人数。因此，我们将极有可能不再需要设置车辆减速带和很多测速装备，测速摄像头可能会成为过去式。从另一个角度来分析，如果保险公司可以从实证的角度验证无人驾驶汽车确实智能且安全，那么保险费用的降低是必然的。一些行业人士指出，保险费用的减少将会说服那些最初对无人驾驶汽车持有怀疑态度的人，让他们认可无人驾驶汽车是有价值的。就海外市场而言，英国预计到 2025 年其销售的新车都会安装自主紧急制动系统（AEB），该系统可以有效地避免、减少道路中可能出现的交通事故。装备了 AEB 系统的汽车在第三方索赔方面减少了 18% 的支出。在美国，同样的研究得出，安装 AEB 系统可以减少 26% 的交通事故；在瑞士和瑞典其车祸分别减少了31% 和 48%。而保险公司也认识到 AEB 系统的有效性并降低了 10% 的保险费。①

---

① David Begg. A 2050 vision for London：What are the implications of driverless transport［R］. 2014.

2.3　无人驾驶汽车相关法律法规

2013 年，英国政府支持在公共道路上进行无人驾驶汽车的测试。在此之前，英国的机器人车辆测试都是在私人场地进行的。在美国，各州的法律法规一般都不会明令禁止进行无人驾驶车辆测试。目前，很多州已经颁布或正在考虑制定更为具体的法律来应对无人驾驶汽车在道路行驶过程中可能会出现的系列问题。例如，内华达州的法律规定，在汽车行驶过程中，驾驶员可以不需要全神贯注地观察汽车行驶状况。同时，法律要求车辆在测试期间，方向盘后面需要有驾驶员乘坐，乘客座位上也需要有一人。2015 年 5 月，内华达州机动车管理局将第一个无人驾驶汽车行驶牌照颁发给丰田汽车，其车身装有谷歌的无人驾驶测试技术。谷歌的自动驾驶系统允许驾驶员在任何时候可以通过踩刹车或转动方向盘来控制车辆。

2.4　无人驾驶汽车消费者市场研究现状

汽车行业迎来的无人驾驶技术被认为是当今科技浪潮中最具革命性的技术之一。这项新技术在不久的将来便会面向大众市场，因此，对于汽车制造商和营销商而言，充分了解消费者对无人驾驶汽车的看法及使用意向是至关重要的。值得注意的是，消费者对无人驾驶汽车的态度仍旧是其愿意接受产品的一个重要因素，因为终端用户决定着市场对产品的需求和市场的发展规模，以及相关基础设施的投资。此外，新浪诺德霍夫、巴特·范·阿雷姆和里恩德·哈皮（Sina Nordhoff, Bart van Arem & Riender Happee，2016）强调，用户使用无人驾驶汽车的意向是实施无人驾驶汽车市场推广成功与否的前提条件，决定了无人驾驶汽车是否会被消费者购买。

分析影响消费者接受无人驾驶汽车的相关因素，可以为进一步明晰消费者使用无人驾驶汽车的意向程度提供关键线索。在汽车产业研究领域，对于创新形式的自动运输交通系统的研究势头迅猛。大多数研究都是通过询问受访者使用该技术的可能性有多少、他们是否愿意为新的服务付费或购买无人驾驶汽车，以及何时购买、哪种使用方式是他们偏好的（例如，无人驾驶私家车或无人驾驶共享车辆）。因此，以下各小节回顾了无人驾驶汽车背景下最新的研究动态及相关社会学和消费者心理学方面的研究贡献。

2.5　理性认知等理论解析

关于科技接受类的研究一般都采用以认知为基础的行为理论来构建研究模型，其中最常被用到的理论包括理性行为理论（theory of reasoned action，TRA）和在其基础上演变而来的计划行为理论（theory of planned behaviour，TPB），技术接受模型（technology acceptance model，TAM）及整合型信息技术接受和使用模型（unified theory of acceptance and use of technology，UTAUT）。

理性行为理论，又称理性行动理论，是由美国学者菲什贝因·马丁和艾森·艾斯克（Fishbein Martin & Ajzen Icek，1975）提出，旨在分析态度是如何有意识地影响个体行为，假设人在做出行为决定的过程中是理性的，即会综合各种信息来考虑自身行为的意义和后果。根据 TRA 理论，行为是由行为的意图直接决定的。一般而言，人们会在现有的环境和时间内，按照自己的意图去做事情。其中，行为意图包含了大量重要信息或者个人观点，可以通过个人行为意图预测出其可能发生的具体行为。TRA 理论被认为是预测个人行为意向或行为的基础理论。研究者们进一步证实，显著的信念会通过态度或者主观准则影响个人意图和后续行为表现。

以社会心理学为基础，艾森·艾斯克（Ajzen Icek，1985）提出了 TPB 理论，该理论明确地将感知行为控制作为影响个人行为意向和行为的前置因素嵌入 TRA 理论。因此，当个人认为自己拥有的资源和机会越多，感知行为控制的程度就应该越高。将感知行为控制纳入 TRA 理论可以提高对个人意图和行为的预测力。由此，感知行为控制被认为是直接影响行为和通过间接影响行为意向而影响行为的外部因素。间接影响所基于的假设是感知行为控制对行为意向有促进作用。早前的研究已经证实人们的行为受对自我能力的自信程度的影响是很大的。TPB 理论预测了感知行为控制对行为的两种可能影响。第一种情况下，感知行为控制反映的动机因素通过意图对行为产生间接影响。第二种情况下，感知行为控制反映的是实际控制，并对行为产生直接影响，不受意图因素的间接影响。TPB 理论适用于当行为在意志控制下的问题研究，然而，当行为违背意志控制假设时，计划行为理论在预测目标行为方面优于理性行为理论。同时，在不考虑控制水平的条件下，计划行为理论可以比理性行为理论解释更多行为意图的变量。

2.6　科技接受等模型解析

在研究消费者与新技术的交互行为中，弗雷德·戴维斯（Fred D. Davis，1989）的 TAM 模型被广泛地应用并根据不同研究背景的特性而得到拓展。TAM 模型采用了 TRA 模型的因果联系来解释个人接受 IT 产品的行为。此模型通过评估用户认为某种科技的有用性、易用性及态度来解释用户在使用信息技术方面的行为意向和实际接受行为。科技有用性指人们相信使用某项技术会帮助他更好地完成工作；科技易用性指消费者认为使用某项技术需要付出的努力的多少；行为意向可以理解为一个人打算使用该技术的概率。弗雷德·戴维斯（Fred D. Davis，1989）认为，科技有用性和易用性是促成用户使用意向的最根本、最核心的两个重要影响因素，这两个因素具有很高的信度和效度。态度这个因素在模型中经常起到部分中介效应，因此在很多的科技接受研究中被剔除在外。

很多研究者使用 TAM 模型作为基础模型，通过加入新的影响因素和建立联系去描述消费者对科技产品的接受度。TAM 模型用于研究驾驶辅助系统是从近些年开始的，它曾用于评估旅行者对先进的旅客信息系统的接受度，结合旅游领域特定的一些因素，包括信息属性、对旅游信息的信任、社会人口统计信息等。还有研究借助 TAM 模型去评估驾驶员对驾驶辅助系统的接受度，研究得出感知系统干扰、感知风险和社会影响因素对使用意向有很大的影响。另一项研究中，TAM 模型中包含了感知乐趣和个人创新因素用以评估用户对 GPS 设备的接受程度。这些研究都表明，TAM 模型适合用来评估驾驶员对驾驶辅助系统的接受程度。研究还强调，个人对自动驾驶的信任程度是决定他们信赖和接受自动驾驶技术的主要决定因素。

随着基本 TAM 模型的发展和应用，TPB 模型中描述的因素，例如，使用态度与 TAM 模型结合，可以得出更多的有效信息。大量的研究也表明，使用态度是使用意向的前导因素，产品的有用性和产品的易用性是预测消费者使用态度的重要因素。该模型被认为是对 TRA 模型的改编，基于社会心理学的研究，为解释用户对科技产品的接受提供了最健全、最简洁和最具影响力的理论范式。维斯瓦纳特·文卡特什等（Viswanath Venkatesh et al.，2012）提出的 UTAUT 模型扩展了 TAM 模型，并假设性能期望、努力期望、社会影响和促进条件是消费者接受信息技术的四个决定因素。同时，该理论揭示了性别、年龄、经验和自愿使用因素在行为意向与使用行为因果关系中的调节效应。该理论为研究消费者如何接纳新科技产品提供有力支持并经常被用于研究信息系统（IS）的使用。

在汽车行业内，早期研究，如金克·范德兰等（Jinke D. Van Der Laan et al.，1997）通过聚焦交通远程信息处理技术的有用性和用户满意度，对此技术的接受程度进行了分析。塞巴蒂安·奥斯瓦尔德等（Sebastian Osswald et al.，2012）通过使用 TAM 量表进行了一项在线调查，用以分析消费者在使用方向盘时，对产品模型的接受程度。在阿德尔（Adell，2010）的研究中，UTAUT 模型只得到了 20% 的方差解释率。同样，马迪根等（Madigan et al.，2016）将该模型用于分析人们对自动驾驶道路运输系统的接受度，也仅得到 22% 的方差解释力。

威廉·佩雷、朱利安·塞斯塔克和帕特里夏·德尔霍姆（William Payre，Julien Cestac & Patricia Delhomme，2014）基于 TAM 的核心理论研究了无人驾驶汽车的可接受性，并评估了修正模型的解释力，其中包括态度、情境可接受性、对状态不佳时辅助驾驶的兴趣、驾驶相关的刺激感和性别等因素，模型得出了67％的方差解释力。在最新的研究中，坎瓦尔德普·考尔和吉赛尔·兰佩萨德（Kanwaldeep Kaur & Giselle Rampersad，2017）将TAM模型与UTAUT模型相结合，通过评估信任、安全、隐私及其相关因素之间的关系，研究影响消费者使用无人驾驶汽车的关键因素。该领域仍然有很多工作要做，需要提出更加全面的概念模型来进一步阐明使用无人驾驶汽车意向的决定因素有哪些。

毫无疑问，我们可以通过研究消费者的观点来分析和解释消费者对无人驾驶汽车的态度及使用意向。有学者提出，消费者对无人驾驶汽车的优点和风险的态度将是预测其使用意向的核心因素。笔者所提出的新概念模型则是基于该领域中有关消费者行为的理论依据，即"观点—态度—意图—行为"机制。根据之前有关无人驾驶汽车的研究，从消费者的角度来看，反复被提到的潜在优点和制约因素可以分为积极因素和消极因素，这些因素在决定消费者对无人驾驶汽车的接受度方面应该有着不同程度的影响。更进一步讲，无人驾驶汽车的优点反映的是消费者对无人驾驶汽车所持的积极看法，因此可以被称为使用意向的促进因素；另外，担忧与顾虑则会限制消费者使用无人驾驶汽车的意向，因此被称为制约因素。早前研究也强调，个体差异因素会对消费者接受无人驾驶技术产生潜在影响，如科技创新力、对驾驶的激情、感官追求、控制权等。考虑个人因素在技术接受中的重要性时，研究者认为，将重要的个人特性和社会人口学变量纳入其中将有助于进一步解释消费者对科技产品的认知是如何形成的，以及它们是如何影响消费者的使用意向。

虽然TAM模型提供了一个可靠和有效的模型用以研究科技接受行为，但学者们也指出，因为其提供的关于个人对新技术的意见与看法并不具代表性，没有充分考虑到用户的个人特性等因素，并且假设使用科技产品是自愿的，没有受到任何约束，TAM模型仍有待完善。基于上述对TAM模型预测能力的批判，维斯瓦纳特·文卡特什等（Viswanath Venkatesh et al.，2003）提出整合型信息技术接受和使用模型（UTAUT）。该模型囊括了TRA模型和TAM模型在内的八种不同接受模型，旨在全面解析对使用科技产品行为意向产生影响的重要因素。UTAUT 模型认为，表现期望、努力期望和社会影响对技术使用行为意向会产生影响，反过来又可以预测实际系统使用。此外，该模型指出这些关键因素对行为意向和用户行为的影响会受到不同调节变量的影响，如性别、年龄、经历和使用的自愿性。UTAUT 模型已经被广泛用于研究各种技术接受行为，例如，网上银行、移动电子设备和服务等。近年来，有些研究开始将 UTAUT 模型用于消费者对无人驾驶技术的研究中。例如，阿德尔（Adell，2010）使用 UTAUT 模型研究司机对"安全速度和安全距离"功能的接受程度。结果显示，尽管表现期望和社会影响因素对系统使用意向有影响，努力期望因素却没有产生影响。同时，此模型仅解释了 22% 的影响因素，这个数字远远低于在其他行业的研究数据。

与此同时，UTAUT 2 模型作为最新的、考虑到消费者因素的 UTAUT 模型，是在基础模型的架构上进行了升级，提出七个主要影响因素，即表现期望、努力期望、社会影响、便利条件、享乐动机、价格和习惯，其会对消费者使用技术的行为意向产生影响。

2.7　科技接受等模型在无人驾驶汽车研究中的应用

消费者提到的无人驾驶汽车所能带来的好处反映了他们对这项技术的积极看法，此类因素可以被看作是消费者接受无人驾驶汽车的助推器。通过对以往研究的梳理，反复被提及的无人驾驶汽车的优点可以分成出行效率、帮助性、社会效益、享受感四种类型。

2.7.1　感知出行效率

内在（享乐）动机和外在（实用）动机是影响消费者购买 IT 产品态度的关键因素，因为消费者被视为"解决问题的"或寻求"乐趣、幻想、感官刺激和享受"的个人。这表明了动机的双重特性。换句话说，消费者的消费行为要么是出于实现享乐满足的需要，要么是希望从产品和服务中获得实用功能。同样，现有的营销研究强调，顾客对产品的整体态度基本上取决于有效性方面或享乐方面。

实用动机可以被视为等同于 TAM 模型中的感知有用性和创新扩散理论（diffusion of innovations，DOI）中的相对优势，因为这些概念都是用来描述用户对使用创新产品来提高他们的业绩或改善他们的工作效率的信任和期望。毫无疑问，感知有用性和相对优势是了解消费者使用信息系统意向的重要因素，也适用于各种类型的技术接受领域的研究，而感知有用性的概念则应该随着不同科技的设计特点和使用目的进行调整。

关于无人驾驶汽车，感知出行效率是用来描述个人相信某种程度上无人驾驶汽车可以让使用者在乘车过程中进行其他活动。乘客使用公共交通工具是因为它能让乘客们有效地利用出行时间，而这种好处将扩展到使用无人驾驶汽车中。之前的研究提到，无人驾驶汽车比传统的非自动驾驶汽车其性能有所提高，这在谷歌的无人驾驶汽车测试中有所体现，该测试让无人驾驶汽车在限制条件下行驶数千英里，在需要时进行人工干预。调查还显示，30~45 岁受访者经常提到在乘坐无人驾驶汽车时能够提高工作效率（例如，解放双手，在车辆行驶中有更多时间做其他事情）。

研究者提出，无人驾驶汽车的核心优势就是可以解放司机双手，给予他们更多时间，使乘坐者能够提高日常效率（如在电脑上工作或与同伴更专注地交流），而不是花时间开车或堵在路上。具体来说，随着自动驾驶技术自动化程度的提高，人们对提升出行效率的期望也被视为对时间的经济概念化，即时间就是金钱。换句话说，在乘坐无人驾驶汽车时花费的、浪费的和节省的时间，导致旅行时间被视为一种经济商品。因此，当消费者与无人驾驶汽车互动时，感知到的出行效率作为一种重要的实用功能，可能会影响消费者使用无人驾驶汽车的态度和意向。

2.7.2　感知帮助性

感知帮助性是指人们认为使用无人驾驶汽车可以给出行带来的便捷程

度。无人驾驶汽车被视为一种高效的交通方式，可以提高我们的生活质量。现有研究显示，消费者认为无人驾驶汽车可以为儿童、老人、残疾人及没有驾照的人提供出行帮助，因为他们出行往往可能需要有人陪同和接送。毫无疑问，推出无人驾驶汽车的好处之一是可以解决特定群体出行的需要。此外，人为过失或不良的驾驶习惯，如驾驶时粗心大意、不打信号灯变道、疲劳驾驶、酒驾等都是造成交通事故的主要原因。因此，减少及遏制因上述原因所导致的交通事故是迫在眉睫的。现有研究指出，消费者可能会在其判断力受损的情况下使用无人驾驶汽车，或者在受酒精、药物影响的情况下首选使用无人驾驶汽车。例如，在交通拥堵或高速公路上，用户可以将驾驶权委托给自主驾驶系统，该系统可以在不需要司机干预的情况下调整速度和车间距离，这意味着司机可以在车内适当休息。因此，使用无人驾驶汽车可以减少人为错误造成的交通事故，提高安全性。同时，自动驾驶技术专业人员、社会媒体和公众都对无人驾驶汽车的广泛使用抱有很高的期望，认为它可以有效地消除由人为错误造成的交通事故。因此，感知帮助性可能会影响消费者对无人驾驶汽车的态度。

2.7.3　感知社会效益

消费者社会责任意识这个概念在研究消费者支持社会责任感的组织中已经被提及。它指的是"个人考虑到自己的消费行为所产生的公共后果，或者试图用自己的购买力对社会的变革有所贡献。"因此，具有更多社会责任感的消费者会比其他人更愿意购买具有社会效益的产品。在本书中，感知社会效益指的是一个人相信或期望采用无人驾驶汽车能够产生一系列的社会效益。这些好处包括改善交通安全，如减少车辆碰撞和事故。因为汽车传感器可以自动遵守交通规则，并且比人类司机更警觉，反应更快；促进交通可持续发展，控制燃料消耗和环境污染，减少停车问题和交通堵塞，改善城市规划和土地使用模式，重塑和更新汽车生态系统，最终引领城市向智能城市发展。一些研究已经测试和研究了16种联盟自动驾驶技术的好处，如 GPS 跟踪、自适应巡航控制、无线通信和智能停车系统，证明自动驾驶技术的实施可以有效地减少排放、节省燃料和改善交通基础设施。

　　这些社会效益，也被描述为宏观社会因素，是创造无人驾驶汽车的主要动力，它们与微观行为因素紧密地交织在一起。微观行为因素指的是从消费者的角度出发的个人利益，包括增加流动性（如老人、儿童或残疾人出行），减轻驾驶员的压力，以及在驾驶时更有效地利用时间。到目前为止，较高的社会期望来自政府、公众和科学界，反映了社会效益在实施无人驾驶汽车方面的重要性。因此，感知社会效益可能会影响消费者对无人驾驶汽车的态度。

2.7.4　感知享受性

　　感知享受性被定义为人们相信使用无人驾驶汽车会带来享乐感受的程度。对于无人驾驶汽车而言，感知享受性这一变量可以被视为归属于享乐概念，用以描述消费者对乘坐无人驾驶汽车的情感反应，如轻松、愉快、享受和安全感。维斯瓦纳特·文卡特什（Wiswanath Venkatesh，2004）指出，消费者可能喜欢从购买或者使用科技产品中体验到享受、乐趣或愉悦，如微型计算机、在线视频游戏或移动数据服务，这在无人驾驶汽车领域也是同样适用的。在信息系统（IS）的研究中，享乐价值被视为比实用价值更主观、更私人化，是由所获得的享受产生的。如上所述，用户对新技术产品的评估通常是基于实用性和享乐的角度。

　　这与沃克和斯坦顿（Walker & Stanton，2017）的观点一致，他们指出，只有当驾驶员从驾驶任务中解放出来，不需要监管系统，并且不对其负有责任时，无人驾驶汽车才有意义。这表明无人驾驶汽车的一个优点是可以缓解司机的精神压力，减少他们的工作负担。在之前的研究中，德尔·赛特等（Delle Site et al.，2011）提出，舒适度等变量会显著影响消费者使用自动道路运输系统（ARTS）的意向。它证实了享乐方面的动机通常被嵌入技术产品中以吸引消费者。具体来说，在研究中需要考虑无人驾驶汽车的特征变量以便提高模型的解释力。因此，乘坐无人驾驶汽车的感知乐趣性被认为反映了无人驾驶汽车的享乐方面，应将其看作影响接受度的决定因素。

2.7.5　态度

态度被定义为个人对目标行为的反应，可以用来预测行为意向。它也指一种心理倾向，通过对某一特定实体进行某种程度的赞成或反对的评价来表达。"观点—态度—意图—行为"作为分析动因的经典原理可以用来解释不同背景下的科技接受行为。例如，对无线移动技术的采用，对使用智能手机购物，以及对可穿戴技术的接受。对无人驾驶汽车的态度被定义为个人在使用无人驾驶汽车时的整体情感反应。在无人驾驶汽车方面，研究提到，全世界对模拟自动驾驶系统的态度是积极的，但还是表现出了谨慎的态度。

在早前的研究中，来自美国、英国和澳大利亚的受访者均对无人驾驶汽车表现出积极的态度，并对这项技术所能带来的优点持有很高的期望。其中，61.9%的澳大利亚受访者对这项技术持有积极看法，其次是56.3%的美国受访者和52.2%的英国受访者[1]。这与大陆集团（Continental）所调查出的结果类似，61%的日本受访者对无人驾驶汽车持有欢迎的态度，这个数字在中国则上升到79%[2]。奥哈娜·兹穆德等（Johanna Zmud et al.，2016）在奥斯汀做了同样的调查，一半的受访者认为使用无人驾驶汽车会给他们的出行体验带来积极的改变，并希望每天使用。值得注意的是，塞巴斯蒂安·奥斯瓦尔德等（Sebastion Osswald et al.，2012）通过重新加入态度这一概念提出了 CTAM 模型，并将新的因素（如安全、焦虑和便利条件）与 UTAUT 模型整合，以评定消费者对汽车技术的行为意向，但并没有深入探究这些因素对汽车使用意向的影响。尽管如此，早期的研究也验证了态度对消费者使用无人驾驶汽车行为意向的影响。例如，威廉·

---

① David Begg. A 2050 vision for London：What are the implications of driverless transport［R］. 2014.

② Continental. German motorists want automated freeway driving［R］. 2013.

佩雷等（William Payre et al.，2014）的研究显示，消费者使用无人驾驶汽车的意向可以通过他们的态度、环境可接受性和驾驶中对人为失误的担忧这三个因素来预测。另外，伊瑟·图西亚迪亚哈等（Iis P. Tussyadiaha et al.，2017）强调，了解公众对无人驾驶汽车的态度对于预测此类汽车的销售量至关重要。

毫无疑问，了解消费者对无人驾驶汽车的态度是预测其后续购买意向及购买行为的重要一步，这对于无人驾驶汽车走向大众市场非常重要。因此，了解和探究我国消费者对无人驾驶汽车的态度对于未来无人驾驶汽车市场的发展是非常有必要的。

尽管许多调查研究显示，公众对无人驾驶汽车表现出较高的兴趣和期望，但他们对这项技术也持有很多疑问，对是否接受犹豫不决。克里斯托弗·科尔等（Christopher Kohll et al.，2017）强调，人们可能只有在无人驾驶汽车问世后才开始认识到其潜在的问题。因此，应该对无人驾驶汽车所引发的担忧和潜在问题进行预测与了解，并及时解决这些因素对消费者接受无人驾驶车的制约作用。

之前的调查探究了不情愿使用无人驾驶汽车或拒绝该技术的主要原因，都与安全性、责任、系统的运行有关或黑客攻击自动驾驶系统和隐私泄露。同样，研究学者肖恩·凯斯利等（Sean V. Casely et al.，2013）发现，无人驾驶汽车的安全性、立法和价格是最影响消费者对无人驾驶汽车渴望程度的有利因素。丹尼尔·霍华德和戴丹妮尔（Daniel Howard & Danielle Dai，2014）认为，责任和成本是限制消费者对无人驾驶汽车感兴趣的关键因素。此外，肖特尔·布兰登和西瓦克·迈克尔（Schoettle Brandon & Sivak Michael，2015）认为，尽管制造商正在尽力说服顾客相信无人驾驶汽车的可靠性，但大众对自动驾驶技术仍持有不同程度的担忧且担忧程度继续上升，导致消费者对自动驾驶汽车产生抵制。最新的研究报告还指出，无人驾驶汽车会带来现在不存在的新风险，这可能会抑制用户的接受度。因此，分析和阐明会影响消费者接受无人驾驶汽车的潜在障碍，对于无人驾驶汽车的市场化销售至关重要。

2.7.6　技术问题

无人驾驶汽车所依靠的技术和计算能力被视为消费者对无人驾驶汽车信任感的主要制约因素，因为无人驾驶汽车用人工智能（AI）取代了人工驾驶员，而系统自身应对突发事件的能力是不确定的。尽管人们已经承认无人驾驶汽车在许多驾驶情况下可以比人工驾驶表现得更好，但设计一个几乎在所有情况下都表现无误的系统仍然是一个挑战。普拉泰克·班萨尔等（Prateek Bansal et al.，2016）也注意到了类似的问题，他们指出，消费者普遍认为减少车祸的发生是无人驾驶汽车最主要的好处，他们最在意技术故障和性能失效，如无人驾驶汽车在恶劣天气（如雾和雪）或物理基础设施（如道路布局）有变化的情况下的传感器识别性能，以及计算机视觉识别车辆行驶路途上的物体和组成成分（如混凝土块和行人）的能力。无人驾驶汽车能够准确识别物体，避免在各种情况下发生碰撞，这一点至关重要。此外，将感知安全和焦虑因素整合到 UTAUT 理论中，暗示驾驶员不断被置于一个潜在的风险环境中。因此，消费者对自动驾驶技术所表达的担忧应该被视为其接受无人驾驶汽车的障碍之一。

2.7.7　黑客攻击和隐私问题

参与者在调查中也经常提到对隐私和系统安全性的担忧，以及对相关法律责任不完善的担忧。巴克利·丽莎等（Buckley Lisa et al.，2018）也强调了同样的问题，他们通过分析参与者乘坐模拟的无人驾驶汽车的体验，指出参与者对黑客攻击和个人数据的披露感到担忧。早期的研究提到，当无人驾驶汽车录入有关乘客的信息，如出行模式、出行计划或乘客的隐私时，极有可能引发乘客对个人信息泄露的担忧。换句话说，无人驾驶汽车是用户信息的储存库，因为系统会记录这些信息，而这些信息存在着容易被黑客攻击和被调查者获取的潜在风险，使客户容易受到"目标营销"或监控。在最新的研究中，奥哈娜·兹穆德等（Johanna Zmud et al.，

2016）和科尔等（Kohl et al.，2017）指出，对数据隐私和黑客攻击越担心的消费者，越不可能使用无人驾驶汽车。

2.7.8　法律法规

研究表明，在使用无人驾驶汽车的过程中，法律法规监督控制的部分仍未明晰，因为目前还不清楚谁执行哪一部分的驾驶任务。法律和社会层面的挑战可能比自动驾驶系统成功的技术障碍更难解决，因为无人驾驶汽车中司机的角色是模糊的。目前还不清楚用户在技术上是否仍然是司机，有权控制驾驶系统，或者用户在自动驾驶模式下没有权利进行干预，因此如果无人驾驶汽车发生碰撞，谁应该承担责任？调查结果证实，在自动驾驶模式下发生事故，判断责任归属是一个主要问题，也可能是推广无人驾驶汽车的一个重要障碍。此外，无人驾驶汽车制造商与社会之间的法律冲突可能会加剧，在特殊情况下碰撞行人或牺牲司机来拯救行人等危急情况，这种冲突可能会加剧。要解决这类问题，需要制定关于无人驾驶汽车的新法规。

与无人驾驶汽车相关的法律法规滞后的主要原因是，自动驾驶技术的发展速度快于法律或监管体系。更确切地说，先进的技术带来了新的可能性，而监管机构却在之后急于建立秩序。因此，与无人驾驶汽车相关的法律法规的担忧是用户接受无人驾驶汽车的另一个关键障碍。

2.7.9　成本问题

之前的研究提过消费者担心自己买不起无人驾驶汽车，尽管该技术可以减少一些与驾驶相关的费用。奥哈娜·兹穆德等（Johanna Zmud et al.，2016）的在线调查结果也表明，消费者不想拥有无人驾驶汽车的主要原因是购买价格可能难以承受。而不论收入高低，消费者都可能因无法承担的价格感到担忧。例如，谷歌汽车作为无人驾驶汽车的一个例了，其价格远远超过了普通消费者愿意或能够支付的价格。其主要原因是传感器阵列的成本很高——这是无人驾驶汽车内最昂贵的组件。如果价格在合理范围，客户能够负担得起，则其对无人驾驶汽车的需求可能会增加。然而，到目前为止，高成本似乎阻碍了消费者对无人驾驶汽车的兴趣。

综上所述，这些担忧被认为对无人驾驶汽车的接受程度有很大的阻碍作用。这些分类总结后的担忧与在大众消费市场推广无人驾驶汽车所面临的挑战相一致，包括技术安全性、相关法律监管和车险问题、道德及成本等问题。值得注意的是，这些担忧与无人驾驶汽车的不同特征相关，并可能对使用意向产生不利影响。

2.7.10　个人特性

在现有的关于采用无人驾驶汽车的民意调查研究中，一个主要的发现是，个人特性变量，如驾驶激情、个人创新能力、感官追求等对用户接受无人驾驶汽车有积极或消极的影响。一般来说，这种个人特性变量通过其与信念或认知的关系体现在技术接受行为中。更具体地说，个人特性变量通常被认为是技术接受的前因和后果的关键调节因素。然而，对用户使用无人驾驶汽车意向背后的个人特性变量的影响机制进行密切探讨和评估的研究还很缺乏。

激情被定义为一个人对喜欢甚至热爱的活动的强烈倾向，认为该活动很重要，并在其中投入了大量的时间和精力。在接受无人驾驶汽车的背景下，激情是指一个人对驾驶的热情程度。有观点认为，激情作为一种心理因素，可以用来解释对同一事件的不同反应，即通过对某一活动的偏好，激情因素起到了调节作用。在无人驾驶汽车方面，研究结果显示，非驾驶爱好者认为无人驾驶汽车对他们的吸引力较高。基里亚基迪斯等（M. Kyriakidis et. al. , 2014）证实了这一点，他们发现有些人喜欢开车，因此对无人驾驶汽车不感兴趣。一个看似合理的理由是，驾驶爱好者有强烈的手动驾驶倾向，被视为一个人的习惯性驾驶方式。这种习惯将被转移到被驾驶的无人驾驶汽车上，通常反映了一个人的控制感和自由感，这被证明对消费者接受新兴的自动驾驶汽车的各个方面都有不利的影响。这个因素与客户对自驾游的接受度有很大的关联，并且在评估时，对使用意向有负面的影响。此外，汉娜·贝勒姆等（Hanna Bellem et al.，2018）注意到，个人的驾驶风格偏好，如速度、加速曲线和偏好的行进距离，也会影响他们使用无人驾驶汽车的意向。

个人创新力指的是个人的风险承担倾向和尝试任何新信息技术的意愿。这个变量已经被嵌入 DOI 中，并在决定用户接受新技术的结果方面发挥着重要作用。新技术的早期使用者会主动接受新兴的创新产品，与其他人相比，他们使用产品的不确定性更小，态度更积极。通常，这种个人特性变量在市场营销领域和科技接受相关文献中都被假设为调节变量，用以评估个人对新技术的态度和接受行为等，如使用无人驾驶出租车的意向，通过移动技术采用无线互联网服务和接受智能手表等。在无人驾驶汽车方面，威廉·佩雷等（William Payre et al.，2014）指出，技术爱好者可能比其他人更憧憬乘坐无人驾驶汽车。此外，伊瑟·图西亚迪亚哈等（Iis P. Tussyadiaha et al.，2017）明确指出，个人创新能力是预测消费者使用无人驾驶出租车出行的一个重要预测因素。

感觉寻求被用来描述寻求新奇、多样、复杂和强烈的感觉和体验的倾向，以及为了这种体验而冒险的意愿。研究结果表明，高感觉寻求倾向与冒险行为有关，包括风险驾驶和攻击性驾驶，这也与驾驶激情有关。最新的研究进一步证实，感觉寻求与风险驾驶、攻击性驾驶和驾驶错误呈正相关。在无人驾驶汽车方面，具有高感觉寻求倾向的个体比没有感觉寻求倾向的个体更有可能更多地使用无人驾驶汽车。

根据以上信息，研究者认为这些个人特性变量是解释无人驾驶汽车接受度的重要概念，应被视为嵌入概念模型的调节器。

2.7.11　社会人口学因素

前期的大量研究还发现，不同群体之间对无人驾驶汽车的看法存在着显著差异。在了解顾客的态度、行为意向和支付意愿时，性别、年龄、教育、收入和是否有孩子被认为是重要的社会人口学变量。

如前所述，不同性别的用户对无人驾驶汽车的态度存在着一致的差异。一般来说，与女性相比，男性对新技术的态度更积极，担忧更少。肖特尔·布兰登和西瓦克·迈克尔（Schoettle Brandon & Sivak Michael，2015）指出，女性比男性更关注自动驾驶技术。丹尼尔·霍华德和戴丹妮尔（Daniel Howard & Danielle Dai，2014）指出，男性更关注责任问题，而女性可能更关注控制问题。这与基里亚基迪斯等（M. Kyriakidis et al.，2014）提出的男性不太担心自动化故障，而他们比女性更关心责任问题的观点一致。毕马威会计师事务所的研究结果与此相反，它显示女性对无人驾驶汽车的接受度略高，因为她们会有更多的时间照顾后座上的孩子，而男性则更加抗拒，因为他们会被迫留在车道上并遵守速度限制。

年龄是另一个人口统计学变量，在关于无人驾驶汽车接受度的研究中被发现其很重要。例如，克里斯蒂娜·罗德尔等（Christina Rödel et al.，2014）发现，年长的参与者比年轻人更有可能使用无人驾驶汽车。威廉·佩雷、朱利安·塞斯塔克和帕特里夏·德尔霍姆（William Payre，Julien Cestac & Patricia Delhomme，2014）观察到了不同的结果，他们注意到随着年龄的增加，使用无人驾驶汽车的意愿也在下降。肖特尔·布兰登和西瓦克·迈克尔（Schoettle Brandon & Sivak Michael，2015）也同样发现，年轻的客户比年长的客户更有可能接受无人驾驶汽车，并对这项技术有更高的期望。一个合理的原因是，年长的客户比年轻的客户有更多的顾虑，比如，担心学不会使用和不信任无人驾驶汽车。年龄对接受无人驾驶汽车的这些直接影响表明，这一人口统计变量可能是解释客户使用无人驾驶汽车的态度和意向的重要因素。

奥哈娜·兹穆德、伊佩克·塞纳和杰森·瓦格纳（Johanna Zmud，Ipek N. Sener & Jason Wagner，2016）评估了教育作为了解消费者对自动驾驶汽车接受程度的一个重要因素，发现教育程度与使用意向没有关系。然而，欧洲晴雨表关于自动驾驶系统的调查发现，花20年或更长时间学习的人比那些在15岁或以下完成教育的人更有可能接受和使用无人驾驶汽车。在某种程度上，这可能与就业状况有关，因为管理人员最有可能接受这种新技术，而全职在家的消费者则最不可能。同样，基里亚基迪斯等（M. Kyriakidis et al.，2014）注意到，受教育程度较高的个人更担心数据隐私的泄露，因为他们可能更认为存在数据滥用的危险，并且对他们不利。这一发现背后的另一个原因是，收入低的个人可能更关注基本的生理和安全需求，而不是考虑"更高层次"的因素，如保护隐私。因此，基里亚基迪斯等建议，在了解无人驾驶汽车的公众观点时，应该考虑教育背景。

此外，与消费者当前出行行为相关的个人驾驶经验被视为未来行为的最佳预测因素。基里亚基迪斯等（M. Kyriakidis et al.，2014）指出，驾驶次数多的消费者可能会愿意为无人驾驶汽车支付更多费用。一个合理的解释是，经常开车和出行的人更欣赏汽车，因此更有可能购买无人驾驶汽车。此外，新浪诺德霍夫、巴特·范·阿雷姆和里恩德·哈皮（Sina Nordhoff，Bart van Arem & Riender Happee，2016）强调，有撞车经历的人更有可能欣赏无人驾驶汽车强化的安全性能，并为其买单。

综上所述，以上所整理的研究显示了不同的结论和证据，说明了社会人口变量如何影响消费者对无人驾驶汽车的接受。因此，更全面与深入地研究这些个人特性和社会人口学变量，以更好地了解影响客户使用无人驾驶汽车意向的决定因素，并可有效地解释影响客户行为意向的重要机理是如何作用的。

2.8 本章小结

本章概述了营销学、社会学和消费者心理学在技术接受领域的文献，并全面介绍了对接受无人驾驶汽车的研究。本章回顾了一系列基于认知的行为理论，包括 TRA 理论、TPB 理论、TAM 理论、UTAUT 理论和 CTAM 理论，以及它们背后长期存在的机制，即"观点—态度—意图—行为"机制。此外，在无人驾驶汽车的背景下，被确认为对技术接受有重要影响的因素被分为促进因素、阻碍因素和个人特性因素三种类型。促进因素是由客户认为的无人驾驶汽车的积极特征组成的，包括感知出行效率、感知帮助性、感知社会效益、感知享受性及用户对无人驾驶汽车的态度。用户对无人驾驶汽车的担忧被视为接受无人驾驶汽车的障碍，包括技术问题、黑客攻击和隐私问题、落后的监管和法律及成本。此外，本章还介绍了个人特性变量和社会人口学变量。本章为笔者提供了一个基本研究理论框架，以便在定量研究中进行后续的访谈并创建概念模型。

第3章

我国无人驾驶汽车消费者市场分析

3.1 我国无人驾驶汽车的发展历程

根据前瞻产业研究院整理的数据，无人驾驶汽车的行业发展历程可以分为四个阶段，分别为研发阶段（2005～2015年），小规模试验阶段（2015～2020年），政策出台调整阶段（2020～2030年）和消费者认可与销量爆发阶段（2030～2045年），如图3-1所示。

随着无人驾驶汽车道路测试在全球的逐渐推广和无人驾驶技术迅猛发展的态势，与之相关的无人驾驶汽车应用场景和相关服务也引起了人们的极大兴趣和需求。无人驾驶出租车服务的出现已经从北美向新加坡蔓延，并且在不断渗透新的市场，包括亚洲其他国家。辉摩（Waymo）首先于2018年下半年在美国凤凰城推出商业化无人驾驶出租车服务，并宣布将于2020年10月将此业务扩大到大众市场。特斯拉（Tesla）同时也瞄准了无人驾驶出租车服务市场，并不断在加快其商业化发展的步伐。

现阶段，我国无人驾驶汽车的技术发展与应用还处于道路试验阶段。文远知行（WeRide）于2019年11月推出中国首个完全对外开放的Robotaxi运营服务，行驶区域覆盖广州黄埔区和开发区。文远知行的Robotaxi也于2020年6月正式上线全国性聚合打车平台高德，进一步提高开放程度，

研发阶段（2005~
2015年）

小规模试验阶段
（2015~2020年）

政策出台调整阶段
（2020~2030年）

消费者认可与销量
爆发阶段（2030~
2045年）

图3-1　无人驾驶汽车行业发展历程

面向大众客户。根据搜狐新闻报道，截至 2020 年 11 月，Robotaxi 运营一周年内完成 147, 128 次出行，服务用户超过 60, 000 人，已积累近三成忠实用户①。这表明无人驾驶出租车的开放式运营已经取得显著成效，也为我国无人驾驶行业的商业化落地打开新的局面。聚焦最新的无人驾驶动态，文远知行于 2022 年 4 月正式推出中国首款前装量产全无人驾驶环卫车（Robosweeper），该无人驾驶车辆可以实现全天、全时段的安全运行。在无人驾驶模式下进行道路清扫等环卫工作。其专属云控平台可以实现环卫车辆智能排班、自动唤醒、远程调度和路线管理等功能，无须人为进行干预。特别是在新冠疫情之下，无人驾驶环卫车辆还可以进行喷洒消杀作业，极大程度上缓解了特殊时期人员不足的问题，提高了市政部门

---

① 盖世汽车. 文远知行获 C 轮融资，投后估值超 200 亿元［EB/OL］. 搜狐新闻，2021 - 05 - 13.

工作效率。

我国大力发展的技术以无人驾驶技术、5G 通信技术、新能源汽车的相关技术为主要方向。前文所述，国际领先机构正在不断完善无人驾驶汽车的研发、试运行和调试，我国大多数研发无人驾驶汽车的企业都处于试验阶段，即无人驾驶汽车的行业发展已经拉开序幕。根据前瞻经济学网站关于 2021 年中国无人驾驶汽车行业市场现状与发展前景分析的报告所述，随着无人驾驶技术的不断发展与成熟，以及政府相关政策的制定与完善，无人驾驶汽车首先会用于工业，其次是商业领域，最终发展至民用阶段。同时预言，预计在 2035 年前后，无人驾驶汽车将有望取代传统汽车，进入市场需求爆发期。

在无人驾驶技术不断发展的过程中，传统的乘用汽车也从原来的出行工具变成了越来越懂用户的出行伴侣。无人驾驶技术的发展与成熟不是一蹴而就的，目前有关驾驶员辅助技术的发展都不是完全自动化驾驶所需搭载的技术，最高级别的自动驾驶有着自己独立的技术发展路径。因此，实现高级别的无人驾驶技术和乘用车的自动驾驶仍需较长时间，而自动驾驶领域的变革已经开启。

3.2　我国消费者对无人驾驶汽车的看法

3.2.1　背景介绍

为了全面地了解消费者对无人驾驶汽车的看法和使用意向，首先，笔者采访了 13 名消费者（研究 1），通过面对面访谈的方式深入了解消费者是如何看待无人驾驶汽车的，并进一步剖析其行为背后的行为机理。其次，笔者通过定量分析法（研究 2）探究各重要因素是如何对行为意向产生影响的及其影响的程度，并结合前面所提的文献综述，对研究结果进行深度剖析。

研究1的目的有两个方面。第一，通过回答一系列预先设计的问题，了解潜在客户对无人驾驶汽车的看法，以及他们是否愿意使用这种汽车。第二，将采访到的叙述信息整理分类，划为不同的内容类别，用以表明受访者之间持有的相似观点与不同观点。之后是对消费者接受无人驾驶汽车这一信息的高度凝炼，包含核心主题和次要主题。这一步骤至关重要，因为它不仅提供了有关消费者对无人驾驶汽车看法的详细信息，还为后续定量研究中设计的问卷调查提供了一些线索。此外，它还评估了最终确定的因素对使用意向的影响能力。

访谈是按照半结构化的访谈指南进行的，这样一来，讨论就保持了灵活性和开放性，为笔者获取更多关于消费者使用无人驾驶汽车意向这一话题提供详细的信息。此外，这也使笔者能够更深入地了解受访者对问题的思考。为使消费者对本书所关注的无人驾驶汽车的理解更精准，在访谈之前笔者向受访者提供了一个关于无人驾驶汽车的简短描述，即无人驾驶汽车是一种可以在完全自动化的状态下自主驾驶的车辆，不需要驾驶员的干预，能够自动控制车辆的速度、方向、刹车和机动性。例如，谷歌的自动驾驶汽车和特斯拉的自动驾驶汽车，它们均被视为达到了 NHTSA 的 3 级和 4 级标准。

从 2021 年 12 月 8 日~12 月 22 日，笔者对 7 名男性和 6 名女性进行了深入的访谈，访谈时间在 25~40 分钟。受访者年龄在 22~55 岁，13 人中有 8 人的年龄在 26~35 岁。为了确保多样性，13 名参与者来自不同的社会群体，包括 3 名学生（23%）、6 名雇员（46.2%）和 4 名私营企业主（30.8%）（见表 3-1）。除 3 名学生外，其余人均在不同领域工作，包括运输业、银行业、高等教育机构、制造业和化学工业。为了保证参与者的隐私，文中将用大写字母 M 代表男性，F 代表女性（例如，M1 是第一位男性参与者，F2 是第二位女性参与者）。被采访者基本信息如表 3-1 所示。

表 3 - 1　　　　　　　　　　　　　被采访者基本信息

项目	类别	数量（个）	百分比（%）
性别	男性	7	53.8
	女性	6	46.2
年龄	18～25 岁	2	15.4
	26～35 岁	8	61.5
	36～45 岁	2	15.4
	46～55 岁	1	7.7
听过无人驾驶汽车	是	10	77.0
	否	3	23.0
目前就业状况	在职员工	6	46.2
	学生	3	23.0
	私营企业主	4	30.8

3.2.2　分析步骤

通过采用阶梯式渐进询问的方法，向参与者提出了六个问题，通过递进的问法可以使得笔者更加深入探索参与者对有关无人驾驶汽车的特定问题的回答。首先，参与者被问及他们之前是否听说过无人驾驶汽车。其次，会问他们对无人驾驶汽车的看法。同时需要回答：一旦产品在大众市场上销售，他们是否愿意使用无人驾驶汽车。如果他们回答"是"，接下来的问题为：会在什么情况下使用它，以及回答"是"的理由。如果他们回答"不"，则要求参与者说出拒绝使用无人驾驶汽车的理由。采访中所提及最多的关键词可以将主题分为促进消费者接受的因素和阻碍因素两部分。

笔者采用模板分析的四步骤，构造出一个初步的叙述框架，以描述参与者对无人驾驶汽车的主要想法。第一，通过突出反映受访者对无人驾驶汽车的看法（如安全问题、技术问题、法规、政策和保险问题）的重复词汇、短语或叙述，对访谈的初始转录进行编码预识别。第二，根据受访者提到的关键词频率，将新增加的信息词汇进行类别划分，出现的主题组织成不同的群组（如黑客和隐私问题、有限的条件、提高生产力、有趣和酷、便利和环境友好），然后应用于进一步的数据筛选，检查是否有新增主题信息产生，如表3-2所示。第三，对预先设计好的主题进行修改，以确保主题能够涵盖新数据所含内容。第四，形成层次化的编码结构，六个核心主题，包括潜在担忧、个人感受、出行效率、社会效益、有用性和个人特性及相应的子主题。

表3-2　　　　　　　　　　　　生成的初始代码

副主题	提及次数	核心主题
安全问题	7	阻碍
技术问题	6	● 安全问题
软件系统	4	部分情况下受限（如极端天气和复杂的市区交通）
条件有限	6	● 技术问题
花费	3	软件系统（如导航系统性能、潜在技术的不成熟）
保险费用	1	● 无人驾驶汽车的费用
责任问题	2	高昂的汽车价格和保险费用
法规和政策	4	● 法规和政策问题
驾驶技能下降	2	责任和义务的模糊
黑客和个人隐私问题	3	● 黑客入侵和隐私问题
舒适的体验	4	● 对驾车技能退化的担忧
放松	2	促进
无干扰	1	● 享受
更安全	1	舒服
酷炫和有趣	1	放松/减少驾驶压力
减少驾驶压力	2	酷和有趣
私人空间	1	更安全（感觉描述）
提高出行效率	3	● 出行效率
节省时间	3	便捷
方便	3	提高出行效率
		节省时间
		乘车时可以做其他事情

副主题	提及次数	核心主题
乘车时可以做其他事情	3	● 社会效益 环境友好 （如减少碳排放、节省能源） 缓解交通拥挤 减少停车难问题 新道路交通规划
环保	3	
减少交通拥堵/污染	3	
减少停车难问题	3	
新道路交通规划	1	
提升出行能力（幼儿、年长者和残疾人；不受影响的驾驶；没有经验的驾驶员、没有驾照者）	6	● 有用 为不同的顾客提供便捷的出行工具（如幼儿、年长者、残疾人和没有驾照的人） 不受影响的驾驶 ● 个人特性 个人创新能力（拒绝科技/对科技感兴趣；保守者） 热爱驾驶（如操纵感/对自己驾驶没有信心/享受自驾）
对科技不感兴趣	1	
控制感	2	
享受驾驶	2	
对新科技感兴趣	1	
思想开放	1	
对自己的驾驶技术没有信心	1	

通过以上分析，关键主题可以分为影响无人驾驶汽车接受意向的促进因素和阻碍因素。以下部分为详细分析。

3.2.3　促进因素

受访者描述了无人驾驶汽车的许多好处，这些好处被浓缩为四个核心主题，包括感知享受性、感知出行效率、感知帮助性和感知社会效益。

1. 感知享受性

许多受访者表示，如果乘坐无人驾驶汽车，他们会有舒适的体验（31%的受访者认为）、放松的感觉（15%的受访者认为）、减少驾驶时的压力（15%的受访者认为）、酷和有趣。受访者经常简单地描述："……更顺畅的速度调整和舒适的体验"（M2），"这些听起来相当酷和有趣"（M7），"……无人驾驶汽车会给用户带来更多的舒适和便利体验"（M1）。这与巴克利·丽莎等（Buckley Lisa et al.，2018）提到的顾客对无人驾驶汽车的情感反应一致。此外，人们注意到与驾驶自动化相关的一些心理变量，而感知到的驾驶乐趣作为一个复杂的术语，涉及对驾驶的审美、情感和感官反应，这在不同级别的驾驶自动化中是不同的。也就是说，车辆采用不同自动化水平，使用者将产生不同类型的情感结果。研究表明，用户在自动化二级的时候可以享受到"解放双手"，然后是"解放双眼"（第三级）、"解放大脑"（第四级）和"轮胎自由前行"（第五级），最佳目标是不需要人类干预，完全不需要司机介入的驾驶模式。前期模拟自动驾驶测试也显示，乘坐无人驾驶汽车的最高驾驶乐趣是自我放松，感到享受和安全，包括在市区停车及遇到交通堵塞情况。

2. 感知出行效率

大多数参与者（23%）提到，使用无人驾驶汽车可以提高效率，节省大量的路途时间，并获得更多样化的交通选择，"我将有很多交通方式可以选择，比如，骑自行车、步行、开车或使用无人驾驶汽车，这些都取决于我的心情和我的出行目的。"（M6），或者"无人驾驶汽车可以使我的一天更有效率，有可能节省出行时间……"（M1）。另外，乘客在乘坐无人驾驶汽车时，会有更多的空闲时间做其他事情（23%），包括休息、与朋友在微信上聊天、在后座上照顾孩子、看杂志、回复邮件或用笔记本电脑工作。例如，"我在乘车时可以自由地做其他事情，例如，小睡一下，特别是在中午，因为我习惯了要在中午时段午休。"（M6），或者"我可以在路途中照顾孩子，而不是分出注意力来开车，或者我可以看杂志、给朋友发短信、回复邮件或做其他事情。"（F3），或者"我认为乘坐无人驾驶汽车还可以让人们进行商务活动，例如，一个团队可以在车上安排商务会议，而汽车则自己开到目的地。这可以节省大家的时间，使工作更有效率。"（F5）

3. 感知帮助性

受访者还提到了使用无人驾驶汽车可以为需要帮助的群体提供出行的便利性，如儿童、老年人、视力受损的人或因身体其他原因（受酒精、药物或医疗影响）不能亲自驾车的人，都可以通过无人驾驶技术获得出行的能力。例如，"我觉得这对 70 岁以上、不允许再开车的老年人非常有利，无人驾驶汽车可以带他们去任何地方，而不会麻烦别人。另外，那些驾驶受限的人群（醉酒、服药或感到疲惫）也可以从无人驾驶汽车中受益。"（M1）"可以有效地减少酒驾现象。另外，无人驾驶汽车还可以帮助那些没有驾驶执照或没有经验的人群开车"（M7）。一位女性参与者称，无人驾驶汽车会受到女性顾客的青睐，因为嵌入式自主驾驶系统可以缓解她们停车紧张的烦恼。例如，"我认为无人驾驶汽车会更受女性顾客的欢迎，因为可以提升她们出行的便捷性，帮助她们更容易、更安全地驾驶。据我所知，市场上已经有了各种驾驶辅助系统，比如，自主代客泊车系统，可以帮助司机把车停在较小的停车位上，减少停车的紧张感与挫折感。"（F5）事实上，另一位女性受访者也表达了她的观点："我认为无人驾驶汽车将成为女性顾客的最佳选择。在我看来，在道路上驾驶汽车并不难，对我来说，停车才是最难的任务。"（F2）

4. 感知社会效益

参与者提到了推广无人驾驶汽车的各种对社会有用的地方，包含对环境友好、减少交通排放（23%）、缓解停车难问题（23%）、减少交通拥堵（23%）、可以创造一个新的交通生态系统。例如，"无人驾驶汽车对环境有好处，在一定程度上减少了碳排放"（M1），"我认为这将减少汽车尾气的排放量，节约资源，缓解交通拥堵，减少城市中心地段对停车位的需求，腾出稀缺的土地资源用于其他市政建设，如扩大园林绿化和公共区域等。"（F2）同时，受访者认为公众的社会责任意识逐渐增强，"我认为人们的社会责任意识（如保护环境）比以前更强了，政府也鼓励市民使用环保产品，如电动汽车，并向用户提供优惠政策。政府可能会再次推出类似的补贴，以增加无人驾驶汽车的实施，取得良好的社会效果。"（F2）

3.2.4　阻碍因素

受访者还表达了他们对无人驾驶汽车或乘坐这种车辆的担忧。他们中的大多数人倾向于等待无人驾驶技术的进一步普及和更亲民的价格。这与基里亚基迪斯等（M. Kyriakidis et al.，2014）的观点一致，即无人驾驶汽车在大众市场的实施是艰难的，因为有很多障碍抑制了消费者对无人驾驶汽车的使用及购买兴趣。

参与者提出的不可能使用无人驾驶汽车中最常见原因是安全问题（占参与者的54%），特别是在不同类型的路况及天气条件（如极端天气、道路变化）之下，无人驾驶汽车的系统识别及应对措施可能都不太成熟。"可能基础技术仍处于起步阶段，需要更多的时间来发展。另外，如果无人驾驶汽车的软件系统出现了一些问题，而我坐在车内并未意识潜在的危险，我无法想象其后果……"（F1）。"自动驾驶技术仍处于起步阶段。需要做很多工作来解决技术问题，如准确区分障碍物"（M4）。另一位参与者描述："我可能不相信自动驾驶车辆的导航系统，因为这样的自动驾驶技术需要高质量的专业地图来支持。然而，据我所知，这类精准地图还没有出现。此外，人工智能（AI）仍然需要一些时间来提高其准确性和自学能力。这些应该是无人驾驶汽车所面临的技术障碍。"（M1）

参与者同时考虑到有关无人驾驶汽车的法规和政策（占参与者的31%），以及责任问题（占参与者的15%）。例如，"如果交警封闭道路，如何提前通知自动驾驶汽车？另一个问题是，如果自动驾驶汽车发生了交通事故，谁应该承担这个责任？目前对自动驾驶汽车的责任划定还存在一定的空白。"（F3）一位男性描述说："交通事故中的责任承担和司机的责任划分将是一个问题，我不知道政府何时会发布新的法律法规来明晰这些争议。"（M1）

参与者还提及会担心黑客攻击和隐私问题（占参与者的23%）。例如，"由计算机系统控制的自动驾驶汽车，意味着存在黑客攻击的潜在威胁。如果驾驶系统中了病毒，或者在驾驶过程中关闭，或者成为恐怖主义的目标，我应该怎么办？"（M5）此外，受访者还担心有人会通过GPS或其他嵌入汽车的先进信息系统进行追踪。另一位受访者提到虽然在意私人信息泄露，但更担心汽车系统被黑客攻击，"很难说我们的隐私数据和个人信息是否会被汽车公司或移动运营商保护。如果他们获得我的数据并用于其他目的，我怎么会知道呢？如果与被黑客攻击的担忧相比，我不认为使用无人驾驶汽车会遇到严重的隐私问题。因为那会破坏自动驾驶系统，危及我的生命。这就是我真正关心的问题。"（M5）这与巴克利·丽莎等（Buckley Lisa et al.，2018）的调查结果一致，即黑客攻击与信任度相关，并产生了一定程度的不确定性。

23%的参与者提到了对无人驾驶汽车售价的考虑，他们担心无人驾驶汽车的价格会太高，以及与无人驾驶汽车相关的其他费用，如保险费。例如，"无人驾驶汽车的价格是我担心的另一个因素。这辆车刚投放到汽车市场的时候会很贵，可能只针对收入较高的人群，保险的价格也可能会增加。"（M1）一位女性描述说："如果无人驾驶汽车的价格相当高，那么，我肯定不会使用。如果价格下降，并且被其他人广泛使用，我可能会考虑购买，并选择一个受欢迎的品牌，即有良好声誉的品牌。"（F6）参与者还预测，对无人驾驶汽车的用户会有一些额外补贴，有可能类似于目前大力推广新能源汽车的政府策略。

另外，有趣的是，23%的参与者提到了对驾驶技能退化的担忧。两位参与者表示，他们担心在使用无人驾驶汽车一段时间后，自己的驾驶技术会退化。例如，"我认为用户可能会逐渐高度依赖无人驾驶汽车而忘记如何驾驶汽车。"（F5）以及"我担心人们的驾驶技术会退化。人们高度依赖无人驾驶汽车，这不是一件好事。"（M1）但一位参与者认为无人驾驶汽车可以缓解驾驶压力，特别是在狭小的空间停车，因为她对自己的驾驶技术没有信心。

认为自己是驾驶爱好者或有丰富驾驶经验的受访者表示对无人驾驶汽车的接受程度会略低一些。例如，"我喜欢开车因为我特别喜欢控制的感觉，不管无人驾驶汽车在汽车市场上会变得多么流行，我还是喜欢手动驾驶。"（M2）"我宁愿等待一段时间，也不愿意成为第一个尝试无人驾驶汽车的人。我还是喜欢自己开车，即使汽车有一些自主功能，比如，自适应巡航控制和车道保持系统。"（F4）"我有这么多年的驾驶经验，如果让我坐在驾驶位置上，却没有控制汽车的权利，这会让我感到不舒服和痛苦。当我决定购买一辆新车时，我关心的是控制感、汽车的安全设备和安全系统。虽然使用无人驾驶汽车是一个好主意，但我认为自己对它不感冒。"
（M3）一位受访者提到，她已经拿到了驾驶执照，但对自己的驾驶技术仍
然没有信心，因此，无人驾驶汽车可能是一个很好的替代方式。因此，那
些对驾驶热情不高的人可能会更倾向于使用无人驾驶汽车，反之亦然。

3.2.5　个体差异因素

一位参与者提到，人们用更开放的心态来接受新技术，并有可能使用
无人驾驶汽车，特别是对于年轻一代。例如，"我认为人们对新技术的态
度比几年前更加开放，愿意尝试新事物，尤其是年轻一代。"（F2）

访谈过程中，受采访者还提供了他们愿意使用无人驾驶汽车的场景，
例如，在封闭的地理围栏区域（如校园、机场、主题公园），有或没有方
向盘、刹车踏板和油门踏板/加速器的自动驾驶汽车，有或没有司机陪伴
的无人驾驶汽车。表3-3中列出了有关不同受访者的主题摘要和相应的引
用举例。

表3-3　　　　　　　　访谈主题总结和引用实例

主题和副主题	引用举例
出行效率 多样化的出行方式；便捷；节省时间；提高出行效率；驾驶时可以做其他事情	• 我认为在日常通勤中使用无人驾驶汽车是一个好主意，因为它可以节省很多时间。假设一些特殊的道路为无人驾驶汽车设计，这意味着道路基础设施的升级即将到来（M6） • 我将有很多交通方式可以选择，如骑自行车、步行、开车或使用无人驾驶汽车，这些都取决于我的心情和我的出行目的（M6） • 使用无人驾驶汽车去任何地方都超级容易，因为我只需要向系统提供目的地或导航信息，然后就可以在我的座位上放松了（M5） • 如果我乘坐无人驾驶汽车，那么我就可以玩手机，在网上看节目，做我想做的事情。而且，我只需在导航系统中输入目的地的详细信息，就能去任何地方，非常方便（F1） • 我可以在旅途中照顾孩子，而不是分心去开车，或者我可以看杂志、给朋友发短信、回复邮件或做其他事情（F3） • 我认为乘坐无人驾驶汽车还可以让人们进行商务活动，例如，一个团队可以在汽车里安排商务会议，而汽车则自己开到目的地。这可以节省大家的时间，使工作更有效率（F5）

续表

主题和副主题	引用举例
帮助 为不同的顾客提供便捷的出行工具（例如，幼儿、年长者、残疾人和没有驾照的人）；不受影响的驾驶	• 我觉得这对 70 岁以上、不允许再开车的老一辈人来说是非常有益的，无人驾驶汽车可以带他们去任何地方，而不会打扰到别人。另外，那些无法自行驾驶（醉酒、服药或感到疲惫）的个人也可以从无人驾驶汽车中受益（M1） • 人们不需要再参加驾驶考试了，或者说，在我们使用无人驾驶汽车之前，需要获得另一种驾驶执照，但这要更容易通过。众所周知，通过驾驶考试是一项艰巨的挑战，参加驾驶课程是艰难而耗时的（M5） • 如果无人驾驶汽车现在能在大众市场上买到，我就会买。因为我不相信自己的驾驶技术，尽管我已经通过了驾驶考试并获得了驾驶执照，但我缺乏驾驶经验。如果交通状况不好，或者停车区域太小，这种汽车将非常有益，这些对我来说是很大的挑战。如果我在不久的将来能拥有一辆无人驾驶汽车，那将是一个梦想成真的过程，并能缓解我的驾驶压力，因为我在驾驶时总是很紧张（F3） • 我认为无人驾驶汽车将成为女性顾客或女性司机的最佳选择。在我看来，在道路上驾驶汽车并不难，对我来说，停车才是最难的任务（F2） • 我认为无人驾驶汽车会更受女性顾客的欢迎，因为它可以提高她们的机动性，帮助她们更容易、更安全地驾驶。据我所知，市场上已经出现了各种驾驶辅助系统，如自动代客泊车系统，可以帮助司机将汽车停在较小的停车位上，减少他们的停车挫折感。你是否注意到凯迪拉克超级巡航 TM 和奥迪高级汽车都使用女性超级模特作为他们的代言人，他们的潜在目标客户是女性（F5） • 老人和残疾人可以从自动驾驶汽车中受益，因为这可以驱动他们去任何地方，非常舒适和方便（F6）
情感反应 舒服；放松/减少驾驶压力；酷和有趣；更加安全（感觉描述）；私人空间	• 驾驶条件将是安静、舒适和平稳的（F3） • 我将有更多的时间做其他事情，如看书、小睡，或只是放松。另外，我不喜欢和司机闲聊，我想很多人都是有和我一样的感觉，对吗？所以使用无人驾驶汽车可以让我有一个私人空间。另外，在这种自主模式下，我不需要监视道路情况（F6） • 这听起来很酷（M5） • 我认为无人驾驶汽车应该是用户友好型的，没有驾驶压力，并允许司机与朋友聊天，回复电子邮件等。这些听起来非常酷和有趣（M7）
社会效益 环境友好；减少交通污染；缓解交通拥堵；减少停车困难；新道路交通规划；发展道路交通系统	• 无人驾驶汽车可以使我们的一天更有效率，有可能节省旅行时间，对环境有利，在一定程度上减少碳足迹。它可以节省停车区域，释放一些公共空间（M1） • 假设一些特殊的道路将为无人驾驶汽车设计，意味着一个高档次的道路基础设施即将到来。通过这样做，交通拥堵将得到缓解（M6） • 特别是对减少酒后驾车的现象有帮助（M7） • 我认为这将减少汽车的排放量，节约资源，缓解交通拥堵，减少城市地区对停车位的需求，释放出稀缺的土地用于其他用途，如扩大景观、公共区域和社会用途（F2）

主题和副主题	引用举例
阻碍/担忧/安全顾虑 受某些环境的限制（如极端天气情况，复杂的市区环境）； 技术问题（如导航系统性能）； 无人驾驶汽车的费用； 滞后的法规和政策； 黑客入侵和隐私泄露； 对驾车技能退化的担忧	• 这样的自动驾驶技术需要高质量的专用地图来支持。然而，据我所知，这些地图还没有出现。此外，人工智能（AI）仍然需要一些时间来提高其准确性和自学能力。这些应该是无人驾驶汽车广泛使用的技术障碍（M1） • 自动驾驶技术是不可靠的，尤其是在不可预见的条件下（M3） • 无人驾驶汽车的价格是我所担心的另一个因素。这种车刚投放到汽车市场时价格会很高，而且可能只针对有钱人，汽车保险也可能会增加。另外，交通事故中的责任承担和司机的责任也将是一个问题，我不知道政府何时会发布新的法律法规来澄清这些纠纷。我还担心我的驾驶技术会退化。人们对无人驾驶汽车的依赖度会很高，这不是一件好事（M1） • 我相当担心安全问题，所以我想等待一段时间，看看那些精通技术并尝试过自主汽车的客户的评论和意见。此外，我还会考虑自动驾驶汽车的价格，如果它太贵，超出我的预算很多，那么我就不会考虑购买（F2） • 我也担心安全问题。想象一下，无人驾驶汽车和普通车辆在高速公路或城市道路上使用一个车道，没有人能够保证无人驾驶汽车总是表现得非常完美。在不可预见的边缘情况下，汽车如何反应？比如，下雨天和下大雪天。此外，如果交通警察关闭道路，如何提前通知自动驾驶汽车？（F3） • 我认为我对自动驾驶技术和其他基础技术，如人工智能，有一些安全方面的担忧。许多人说，人工智能仍然无法在混乱的城市道路上正常运作。我不是专家，所以我不知道，我只是不相信目前这种技术。此外，我担心我的个人隐私，如果有人入侵系统并跟踪用户的信息，那么我的家庭地址和我的日常路线将被披露用于其他目的。因为我知道无人驾驶汽车使用雷达或无线通信技术来感知其周围的环境，但它在地下停车场如何工作？特别是在我所在的城市——重庆。超过一半的停车场位于地下（F4） • 我认为用户可能会逐渐高度依赖无人驾驶汽车，而忘记如何驾驶汽车（F5） • 在没有人类干预的情况下驾驶汽车，听起来很奇妙，但在特定条件和紧急情况下，它的作用是有限的。如恶劣的天气、不可预见的情况等。在这种情况下，自动驾驶汽车如何反应并保护我？我不知道（F6） • 我不知道无人驾驶汽车将使用哪种电源，是汽油驱动还是电力驱动。如果无人驾驶汽车使用电力，用户将很难为汽车充电，因为广泛建立充电站将是一个巨大的工程，而扩大加油站则相对容易（F6）

主题和副主题	引用举例
个人特性 个人创新能力（拒绝科技/对科技感兴趣；保守者）； 热爱驾驶（例如，操纵感/对自己驾驶没有信心/享受自驾）	• 我认为人们对新技术的态度比几年前更加开放，愿意尝试新事物，尤其是年轻一代。我想等一段时间，看看那些精通技术并尝试过自动驾驶汽车的客户的评论和意见（F2） • 我还是喜欢自己开车，即使汽车有一些自主功能，例如，自适应巡航控制和车道保持系统。我想说我是相当保守的，我需要一些时间来接受无人驾驶（F4） • 如果我决定购买一辆新车，我会考虑汽车的性能和我的操作感觉及控制感觉。这就是为什么我决定买一辆 SUV 作为我的第一辆车（F5） • 等我长大了，也许再过 20 年，无人驾驶技术发展得更成熟了，我可能会考虑买一辆（F6）

模板分析通常从预设的代码开始，这些代码来自本研究中之前的文献回顾（第2章）。同时，访谈指南中的主要问题可以作为高阶代码，附属问题作为低阶代码。因此，访谈中所列的主要问题是"你对无人驾驶汽车有什么看法？"和"无人驾驶汽车在大众市场上出现，你会不会使用？以及你想使用/拒绝的理由"。

因此，第一个一级代码"效益认知"与参与者视角下对无人驾驶汽车的预期有关。第二级代码与无人驾驶汽车的优势特征的各个层面有关。此外，三级代码描述了无人驾驶汽车实现后可取得的各类成效。"风险认知"是第二个一级代码，与参与者对无人驾驶汽车的潜在担忧有关。二级代码是五种类型的担忧的组成部分。三级代码介绍了可能引起用户担忧的无人驾驶汽车的特殊功能、服务和特点。除了这些因素，"个人特性"被视为一级代码，有两个低阶代码，包括个人创新能力和热爱驾驶。这些都与个人特性有关，通常不受环境或内部变量的影响。

通过这样做，创建的模板反映了分析的深度，层次清晰，涵盖了与主要问题相关的所有重要信息，也与从文献中获得的知识相结合。

表 3 - 4 模板分析

一级代码	二级代码	三级代码
1. 效益认知	1.1 享受	1.1.1 舒适 1.1.2 减少驾驶压力 1.1.3 酷和有趣 1.1.4 更加安全
	1.2 出行效率	1.2.1 便捷 1.2.2 节省时间 1.2.3 提高出行效率 1.2.4 拓展活动 　　1.2.4.1 驾驶时可以做其他事情
	1.3 社会效益	1.3.1 环保 　　1.3.1.1 减少尾气排放 　　1.3.1.2 减少燃料消耗 1.3.2 可持续交通 　　1.3.2.1 缓解交通拥堵 　　1.3.2.2 新的道路运输规划 1.3.3 减少停车难问题
	1.4 帮助性	1.4.1 增加出行 　　1.4.1.1 幼儿、老年人、残疾人或没有驾照的人 　　1.4.1.2 不良驾驶
2. 风险认知	2.1 技术问题	2.1.1 软件问题 　　2.1.1.1 导航系统 　　2.1.1.2 程序化系统 2.1.2 技术基础不成熟 　　2.1.2.1 预测天气状况 　　2.1.2.2 预测路况类型
	2.2 黑客攻击和隐私问题	2.2.1 GPS 跟踪 2.2.2 个人信息披露
	2.3 法律法规	2.3.1 责任和义务
	2.4 成本	2.4.1 难以承受的价格 2.4.2 与无人驾驶相关的费用
	2.5 驾驶技术的退化	

续表

一级代码	二级代码	三级代码
3. 个人特性	3.1　个人创新能力	3.1.1　愿意尝试 3.1.2　犹豫不决
	3.2　热爱驾驶	3.2.1　驾驭感 3.2.2　喜欢驾驶 3.2.3　驾驶偏好

3.3　本章小结

　　本章在研究1中，通过采访的方式收集了被采访者对无人驾驶汽车的看法及使用意向，通过有效的模板分析法对采访数据进行整理与归纳，并整理出对无人驾驶汽车接受度有重要影响的核心主题。为下一步进行实证研究（研究2）建立概念模型及检验模型做了充足的铺垫。结合对早期相关领域研究的分析与整理，笔者将影响消费者使用无人驾驶汽车的主要核心因素归纳为以下主题，包括感知出行效率、感知帮助性、感知享受性、感知社会效益和风险认知，以及在此大类之下的具体构成因素。

第4章

无人驾驶汽车市场推广影响因素分析

4.1　构建研究模型

根据模板分析的结果，笔者提取了代表参与者对无人驾驶汽车看法的关键主题和子主题。这些被认为是影响用户使用无人驾驶汽车意向的重要因素。

所收集的叙述信息反映了参与者对无人驾驶汽车的积极和消极观点。因此，所提取的关键主题可以被归类为实施无人驾驶汽车的促进因素或阻碍因素。预先设计的概念模型是适当的。

首先，利益认知应该对用户使用无人驾驶汽车的意向产生积极的影响。换句话说，在无人驾驶汽车的背景下，感知到的出行效率、感知到的乐趣、感知到的帮助和感知到的社会效益对用户的使用意向有正向影响。

回顾访谈研究中的例子引文，推论应该得到支持。例如，"无人驾驶汽车可以使我们的一天更有效率，有可能节省旅行时间……"（M1），或者"我在乘车时将可以自由地做其他事情，例如，小睡一下，特别是在中午，因为我习惯在某些时间小睡一下"（M6），或者"我可以在旅途中照顾我的孩子，而不是分出注意力来开车，或者我可以看杂志、给朋友发短信、回复邮件或做其他事情。"（F3）这些反映了参与者认为他们将能更有效地利用他们的路途时间。关于感受到的乐趣，参与者描述说："……更流畅的车速调整和舒适的体验"（M2），或者"无人驾驶汽车将给用户带来更舒适和方便的体验"（M1）。这些都反映了参与者认为使用无人驾驶汽车会给他们带来享乐的感觉。在感知到的帮助方面，参与者提到，"我觉得这对 70 岁以上、不允许开车的老一辈人非常有益。对受限驾驶（醉酒、服药或感觉疲劳）的个人可以从无人驾驶汽车中受益。"（M1）"……减少酒后驾驶的现象。同时，它可以帮助那些没有驾驶执照或没有经验的客户自己开车"（M7）。这些反映了参与者的看法，即使用无人驾驶汽车将便于因身体问题而无法独自出行的人。关于感知到的社会效益，参与者提到："我认为这将减少汽车排放、节约资源、缓解交通拥堵、减少城市地区对停车位的需求，将稀缺的土地释放出来用于其他用途，如扩大景观、公共区域和社会用途。"（F2）或"对减少酒后驾车的现象特别有用"（M7）。这些都反映了参与者认为使用无人驾驶汽车会产生一系列的社会效益。因此，这些提取出来的核心主题会积极影响用户使用无人驾驶汽车的意向。

其次，用户对无人驾驶汽车的各种担忧（技术问题、成本、法律法规、黑客和隐私问题及驾驶技能的退化）应该对使用无人驾驶汽车的意愿产生负面影响。例如，"可能基础技术仍处于起步阶段，需要更多时间来发展。另外，如果无人驾驶汽车的软件系统出现了一些问题，而我在坐车的时候没有意识到，我无法想象其结果。"（F1）"自动驾驶技术仍处于起步阶段，需要做很多工作来解决技术问题，如准确区分障碍物"（M4）。这些反映了参与者对技术问题的关注。此外，有人提到"如果自动驾驶汽车发生了交通事故，在这种情况下谁应该承担责任？关于自动驾驶汽车的法规还是空白。"（F3）"交通事故中的责任承担和司机的责任划分将是一个问题，我不知道政府什么时候会发布新的法律法规来明确这些争议。"（M1）这些反映了参与者对无人驾驶汽车的责任、法规和政策的担忧。参与者还担心黑客攻击和隐私问题。例如，"由计算机系统控制的自动驾驶汽车，意味着黑客攻击的潜在威胁。如果驾驶系统中了病毒，或在驾驶过程中关闭，或成为恐怖主义的目标，我应该怎么做？"（M5）同时，他们担心无人驾驶汽车的价格太高，以及与汽车驾驶有关的其他费用（如保险费）。例如，"无人驾驶汽车的价格是我担心的另一个因素。这辆车刚投放到汽车市场的时候会很贵，可能只针对有钱人，汽车保险也可能会增加。"（M1）参与者还表达了他们对驾驶技能退化的担忧。例如，"我很担心人们的驾驶技能退化。人们对无人驾驶汽车的评价很高，这不是一件好事。"（M1）这些总结出来的各种担忧会阻碍用户使用无人驾驶汽车的意向。

最后，个人特性变量作为补充部分被包含在模型中，以提升模型的解释力。一些参与者描述说："我喜欢开车，我特别喜欢控制的感觉，不管无人驾驶汽车在汽车市场上可能变得多么流行，我还是喜欢手动驾驶。"（M2）"我还是喜欢自己开车，即使汽车有一些自主功能，比如，自适应巡航控制和车道保持系统。"（F4）因此，对驾驶有热情的人可能不太愿意使用无人驾驶汽车。另一个因素，个人创新能力也被参与者提及。例如，"我认为人们对新技术的态度比前几年更加开放，愿意尝试新事物，尤其是年轻一代。我想等待一段时间，看看那些精通技术并尝试过自动驾驶汽车的客户的评论和意见。"（F2）因此，对新技术感兴趣的个人可能愿意在车辆进入大众市场后尝试无人驾驶汽车。预先设计的概念模型如图4-1所示。

下面所述的研究部分的目的是评估消费者使用无人驾驶汽车的意向是否可以通过研究1中所发现的重要因素来预测，同时明确此部分探讨的因素对使用意向的影响程度。此外，还将通过考虑个体差异变量来评估个人使用无人驾驶汽车的行为意向背后的机制。因此，研究者提出了一系列假设，以检测各变量之间的关系。由此，影响消费者接受无人驾驶汽车的重要影响因素及其影响机理可以由此得出答案。

所提出的概念模型是在长期以来以认知为导向的模型——TRA模型及研究1中新产生的因素的基础上建立的。更具体地说，基于TRA的模型是以"观点—态度—意图—行为"的原理为基础的，通常用于研究一般的个人行为，特别是适用于技术接受领域。一般来说，有三种方法来扩展面向认知的理论（如 TAM 模型）：（1）从相关模型中引入新的因素；（2）增加额外的或替代的信念因素；（3）探索感知有用性和感知易用性的前因和调节因素。

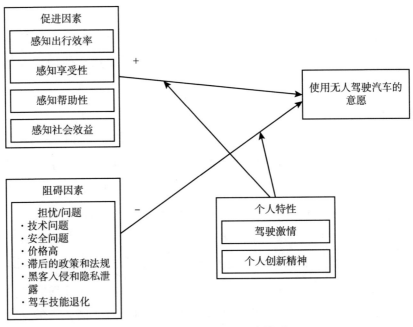

图 4-1 预先构建的概念模型

一方面，与上述建议一致，一系列探索的新因素被整合到原始 TRA 模型中，反映了用户对无人驾驶汽车的信念。积极的观点包括感知出行效率、感知享受性、感知帮助性和感知社会效益。另一方面，客户的担忧也被认为在接受无人驾驶汽车方面起着重要作用，包括技术问题、黑客和隐私问题、法律法规、成本及驾驶技能的退化。个人特性（个人创新精神和驾驶激情）被纳入模型，这将有助于研究者进一步了解认知是如何形成的，以及它们在用户接受无人驾驶汽车方面的作用。控制变量（年龄、性别、教育背景和驾驶频率）也被考虑在模型中，作为本研究提供补充信息的来源。

4.2 主要假设

根据研究 1 得出的结果，引出了六个核心主题，并将其划分为用户接受无人驾驶汽车的促进因素和阻碍因素。研究者认为，促进因素对用户使用无人驾驶汽车的意向有积极影响，而阻碍因素对使用无人驾驶汽车的意向有消极影响。这与露丝·马迪根等（Ruth Madigan et al.，2016）的观点一致，即消费者决定是否使用自动驾驶系统是基于不同类型的态度。基于此，重要的研究假设如下所述。

消费者会认可无人驾驶汽车的实用性，即可以让用户在车辆行驶过程中做自己想做的事情。这一点等同于感知有用性，它被认为是用户对使用创新产品（如无人驾驶汽车）来提高其任务绩效或改善其工作效率的期望。回顾研究 1 中收集到的采访信息，大多数被采访者都提到，他们希望在乘坐无人驾驶汽车时能提高工作效率。更具体地说，对于日常通勤者而言，他们上下班所需耗费的路途时间可以减少很多，且变得更有效率，比如，在电脑上工作，召开电话会议或在移动应用程序上进行社交，看电影和阅读等。在最新的访谈研究中，巴克利·丽莎等（Buckley Lisa et al.，2018）强调，驾驶员认可在乘坐无人驾驶汽车时可以享受到的潜在福利，例如，阅读、回复电子邮件、回复短信、照顾后座上的孩子或做其他事情等。事实上，上述优点可以提高用户出行效率，也反映出无人驾驶汽车的实用性。这与新浪诺德霍夫等（Sina Nordhoff et al.，2016）的观点一致，他们认为无人驾驶汽车可以将驾驶时浪费的时间变成宝贵的经济资产，因为用户使用无人驾驶汽车时可以享受车辆空间的多维化所呈现出的功能，并根据他们的需求和喜好进行调整。托马斯匈（Thomas Bjørner，2017）也证实了这一点，他提出在乘坐无人驾驶汽车时消耗、浪费和节省的时间，导致旅行时间被视为一种经济商品。因此，感知到的出行效率对用户态度（H1a）和使用无人驾驶汽车的意向（H1b）有正向影响。

H1a：感知出行效率对用户使用无人驾驶汽车的态度有正向影响。

H1b：感知出行效率对用户使用无人驾驶汽车的意向有正向影响。

此外，被采访者还表达了他们对无人驾驶汽车所能带来的享乐期望，例如，感到轻松、享受、有趣、愉悦和更加安全。这些发现与维斯瓦纳特·文卡特什等（Viswanath Venkatesh et al.，2012）的观点一致，他们提出消费者希望从购买或使用科技产品中体会到享受、乐趣或愉悦。同时，使用科技产品所带来的享乐感可以增加用户的满意度，其水平超过了其实用性所能带来的满意度。之前的研究提出，用户对无人驾驶汽车使用的情感反应可能与快乐的感觉有关，如有趣、轻松和舒适。克里斯蒂娜·罗德尔等（Christina Rödel et al.，2014）将乐趣定义为使用特定系统的愉快程度，但却随着自动化程度的提高，呈现下降趋势。同样，基里亚基迪斯等（M. Kyriakidis et al.，2014）发现，与手动驾驶相比，完全自动化被认为是最不愉快的驾驶模式。然而，新浪诺德霍夫等（Sina Nordhoff et al.，2016）强调，无人驾驶汽车最显著的好处之一是，用户在乘坐无人驾驶汽车时可以享受自己的空间。例如，有一个私人的、安静的时刻，可以休息一下，从繁忙的生活抽离，让自己的头脑清醒一下。这样的好处与用户乘坐无人驾驶汽车时的感受相呼应，那就是愉悦。此外，在无人驾驶汽车的背景下，人类与车辆之间的传统互动及驾驶的乐趣也可能被改变。

用户一般评估科技产品会从其实用性和享乐性两个基本点同时出发，因此，感知到的享受应该与感知到的出行效率一起作用于用户使用无人驾驶汽车的意向。因此，得出以下假设：感知到的享受对用户态度（H2a）和使用无人驾驶汽车的意向（H2b）有正向影响。

H2a：感知享受对用户使用无人驾驶的态度产生正向影响。

H2b：感知享受对用户使用无人驾驶汽车的意向产生正向影响。

被采访者还提到，无人驾驶汽车可以为幼儿、老年人、残疾人或没有驾驶执照的人提供出行的便捷，还可以为醉酒或服用了可能影响驾驶药物的人提供便捷。这与之前研究结果一致，在受酒精、药物或医疗条件影响的情况下，是使用无人驾驶汽车最合适的场景。此外，在上述情况下，使用无人驾驶汽车可以减少因人为因素造成的交通事故，提高安全性。这些无人驾驶汽车所能带来的益处也反映了消费者对其所抱有的期望，即使用无人驾驶汽车不仅可以出行便捷，还可能提高生活质量。这与之前研究中提到的无人驾驶汽车背景下的感知帮助性概念是一致的。特别的是，用户在无法自行驾驶时对使用无人驾驶汽车的兴趣被验证为是其行为意向的预测因素。与上述论证一致，感知到的帮助性会正向影响用户对无人驾驶汽车的态度（H3）。

H3：感知帮助性会正向影响用户对无人驾驶汽车的态度。

此外，被采访者描述了他们认为的无人驾驶汽车对社会可能产生的贡献：减少尾气排放、缓解交通拥堵、减少停车问题、促进道路交通规划。肖特尔·布兰登和西瓦克·迈克尔（Schoettle Brandon & Sivak Michael，2015）在了解了英国、美国和澳大利亚民众对无人驾驶汽车的看法后也发现，受访者对无人驾驶汽车能够减少燃料消耗、降低排放、改善交通拥堵等社会益处充满信心。伊娃·弗雷德里奇和芭芭拉·伦茨（Eva Fraedrich & Barbara Lenz，2014）分析了德国和美国媒体网站上发布的文章的评论，指出公众期望无人驾驶汽车能更节省燃料、减少交通排放、改善交通流量、优化交通系统。换句话说，这些都是用户对无人驾驶汽车的期望，并且应该对消费者接受度有积极影响。这些潜在的好处也被描述为宏观社会因素，反映了消费者认为接受无人驾驶汽车可以产生一些社会效益。托马斯匈（Thomas Bjørner，2017）还指出，上述宏观社会因素和微观行为因素（如减少驾驶者的压力、增加流动性和在驾驶时做其他事情的可能性）是无人驾驶汽车的潜在优点，与消费者对无人驾驶汽车的兴趣有关。因此，感知社会效益会正向影响用户对无人驾驶汽车的态度（H4）。

H4：感知社会效益会正向影响用户对无人驾驶汽车的态度。

值得注意的是，被采访者同时也表述了对拥有或使用无人驾驶汽车的各种担忧，这些担忧无疑对无人驾驶的市场化推广会起到阻碍作用，同时也是无人驾驶汽车行业需要面对的挑战，包括技术问题（如软件系统性能不佳和基础技术发展不足）、安全问题（如设备在不可预见的情况下发生故障）、难以承受的高昂价格（如无人驾驶汽车的高价和保险费用）、滞后的监管和政策（如司机／车主的法律责任）、黑客和隐私泄露问题及对自身驾驶技能退化的担忧。早前的研究也强调，安全问题、隐私问题和法律责任是消费者对使用无人驾驶汽车的主要担忧，这些担忧或者顾虑可能会不断加剧，最终导致消费者对无人驾驶汽车的抵制。换句话说，这些担忧会让顾客对无人驾驶汽车的兴趣减弱甚至消失。这与克里斯托弗·科尔等（Christopher Kohl et al.，2017）的观点一致，他们提出顾客对无人驾驶汽车的担忧反映了他们的风险认知，并可作为使用意图的直接预测因素。因此，研究者假设顾客的担忧对使用无人驾驶汽车的意向有阻碍作用（H5）。

H5：用户的担忧会对其使用无人驾驶汽车的意向产生阻碍。

尽管被采访者表达了他们对使用无人驾驶汽车的担忧和对接受这一创新技术的犹豫，但他们仍然对其表现出积极的态度。这仍与之前的研究一致，这些研究显示消费者对无人驾驶汽车的态度在全球范围内是积极的，同时他们也对乘坐无人驾驶汽车表现出了较多的担忧与顾虑。此外，使用科技产品的态度通常被用作解释各种技术背景下消费者对技术接受度的主要预测因素。在汽车技术背景下，塞巴斯蒂安·奥斯瓦尔德等（Sebastian Osswald et al.，2012）在 UTAUT 模型中重新引入了使用态度这一因素，同时还考虑了更安全和焦虑等决定因素。消费者态度作为一个概念因素，可以反映出消费者对使用科技及其影响的信任。此外，社会心理学的文献将态度作为意图的决定因素进行了研究，并揭示了人类行为背后的"观念—态度—意图—行为"的一致原理，即行为意图可以由态度预测。用户对无人驾驶汽车的态度是预测使用意向的一个重要因素。客户对无人驾驶汽车的态度对使用意向有积极影响（H6）。

H6：用户对无人驾驶车的态度会正向影响其使用意向。

与此同时，本书在前面部分已经提及了个人特性因素对消费者接受科技产品会产生一定的影响，因此，下面的部分会详细地讲到如何将个人特性因素纳入研究模型中以深入了解消费者使用无人驾驶汽车的意向。之前的研究已经强调了个人特性变量对于技术接受的重要性，包括无人驾驶汽车在内的各种情况。基于研究 1 的发现，我们提取了两个个人特性变量，即驾驶激情和个人创新能力。

关于驾驶激情，研究者们注意到，一个人如果对驾驶汽车有强烈的激情，就不太愿意使用无人驾驶汽车。同样，毕马威（KPMG，2013）提出，这一个人特性变量与消费者对无人驾驶汽车的接受程度有显著关联，并评估了这一因素对使用意向的阻碍影响。同样，基里亚基迪斯等（M. Kyriakidis et al.，2014）也注意到，有些人喜欢开车，因此对无人驾驶汽车不感兴趣。分析其原因，爱好驾驶的人有强烈的手动操纵的驾驶意愿，被认为是一个人习惯性驾驶的表现形式。这与肖恩·卡斯利等（Sean V. Casley et al.，2013）的研究结果一致，他们发现拥有驾照的人可能会拒绝使用无人驾驶汽车，因为可能担心失去自己驾驶汽车所体会到的乐趣。

在技术接受的研究中，个人特性变量，通常被假设为技术接受模型中对感知类因素的前因及后果的关键调节变量。就驾驶激情而言，马克-安德烈·拉夫雷尼尔等（Marc - André K. Lafrenière et al.，2012）已经提出了这个变量，它是一种心理因素，可以通过它对一项活动的调节作用来解释个人对同一事件的不同反应。因此，产生了以下假设。

H7：（a）在对驾驶有强烈热情的顾客中，感知到的出行效率对无人驾驶汽车态度的影响明显降低。

（b）对驾驶热情较高的顾客，感知到的出行效率对使用无人驾驶汽车的意向的影响明显较低。

（c）对驾驶热情较高的客户而言，感知到的享受对无人驾驶汽车态度的影响明显较低。

（d）对驾驶热情较高的客户而言，感知到的享受对使用无人驾驶汽车的意向的影响明显较低。

（e）对驾驶热情较高的客户而言，感知到的帮助性对无人驾驶汽车态度的影响明显较低。

（f）对驾驶热情较高的客户而言，感知到的社会效益对无人驾驶汽车态度的影响明显较低。

（g）在对驾驶有更大热情的客户中，担忧对使用无人驾驶汽车意向的影响明显较高。

（h）态度对使用无人驾驶汽车的意向的影响在对驾驶有更大热情的客

户中明显较低。

　　拥有较高个人创新能力的人有更多的意愿去体验新产品，他们比同龄人更渴望尝试新技术。而且，这些消费者比其他人更了解新科技。需要承认的是，早期尝试新产品的人可能是对新事物有激情的追求者或实用主义者，而之后尝试的人有可能是拒绝者或传统主义者。通常，个人创新能力被假设为调节变量，以分析个人对新技术的态度、使用意向和行为。在技术接受的相关文献中，个人创新能力被视为营销领域经常考虑与研究的因素。在无人驾驶汽车方面，威廉·佩雷等（William Payre et al.，2014）指出，技术爱好者可能比其他人更热衷于乘坐无人驾驶汽车。此外，伊瑟·图西亚迪亚哈等（Iis P. Tussyadiaha et al.，2017）明确指出，个人创新能力是使用自驾游出租车出行意向的一个重要预测因素。因此，作为新技术的早期使用者，他们可能比同龄人更主动地接受无人驾驶汽车。因此，产生了以下假设。

　　H8：（a）在个人创新能力较强的客户中，感知到的出行效率对无人驾驶汽车的态度的影响明显较高。

　　（b）在个人创新能力较强的客户中，感知到的出行效率对使用无人驾驶汽车意向的影响明显较高。

　　（c）在个人创新能力较强的客户中，感知到的享受对无人驾驶汽车的态度的影响明显较高。

　　（d）在个人创新能力较强的客户中，感知到的享受对使用无人驾驶汽车的意向的影响明显较高。

　　（e）在个人创新能力较强的客户中，感知到的帮助性对无人驾驶汽车态度的影响明显较高。

　　（f）在个人创新能力较强的客户中，感知到的社会效益对无人驾驶汽车态度的影响明显较高。

　　（g）在个人创新能力较强的客户中，担忧对使用无人驾驶汽车的意向的影响明显较低。

　　（h）在个人创新能力较强的客户中，态度对使用无人驾驶汽车意向的影响明显较高。

　　社会人口学变量显示了个人在人口和社会经济中的特征，在定量研究中发挥了积极作用，并被视为控制变量。换句话说，在评估研究模型时，这些变量通常需要被控制。因此，在研究消费者对无人驾驶汽车的看法和使用意向中，性别、年龄、教育背景和驾驶频率作为控制变量被加入概念模型中。

　　之前的研究得出，男性和女性、年轻人和老年人对无人驾驶汽车有不同的看法，对汽车环境的关注程度也不同。例如，男性明显比女性更容易相信无人驾驶技术的重要性。另外，男性比女性更有可能使用和喜欢无人驾驶汽车。

　　在年龄方面，一些研究显示，消费者的年龄与使用无人驾驶汽车的意向之间存在正相关，而其他研究则取得了负相关或没有关联的研究结论。可能的原因是样本选择标准、文化差异和所做研究之间的时间差。在本书中，年龄、性别、教育和经验被纳入分组分析中，目的是通过获取更多的信息来解释顾客对无人驾驶汽车的行为意向。图4-2展示了研究模型和假设。

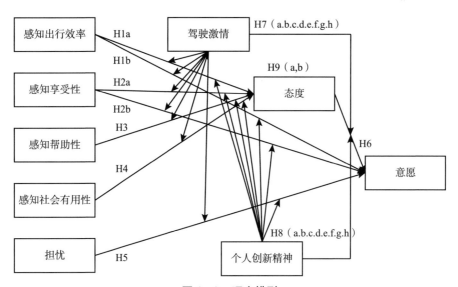

图4-2　研究模型

4.3 问卷设计

感知出行效率用三个项目来衡量，这将反映出无人驾驶汽车如何通过允许乘客在车辆行驶过程中做其他事情（如玩手机、回复邮件或短暂休息）而使乘客感受到出行时间是高效的。四个项目用于测量感知帮助性，其中一个项目借鉴了威廉·佩雷等（William Payre et al.，2014）的观点，另外三个项目是笔者自行设计的。感知享受也用四个项目来衡量，其中三个项目借用自肖特尔·布兰登和西瓦克·迈克尔（Schoettle Brandon & Sivak Michael，2015）的研究，一个是笔者自行设计的。这指的是顾客对无人驾驶汽车的情感反应。四个自行设计的项目被用来测量客户对使用无人驾驶汽车所带来的社会效益的感知。用户对无人驾驶汽车的担忧由八个项目来衡量，六个项目来自肖特尔·布兰登和西瓦克·迈克尔（Schoettle Brandon & Sivak Michael，2015），两个项目由笔者提出。文毅等（Mun Y. Yi a et al.，2005）创建的三个项目被用来衡量用户对无人驾驶汽车的态度。使用意向这一变量由塞巴斯蒂安·奥斯瓦尔德等（Sebastian Osswald et al.，2012）的六个项目来衡量。一个新的自主设计的测量量表包含五个项目，用于测量对驾驶的热情。个人创新能力的结构由安德斯·詹森等（Anders F. Jensen et al.，2014）的四个项目来测量。表4-1显示了测量项目的整体情况和它们的原始来源，以及在无人驾驶汽车接受度方面的相应修正。

表 4 –1　　　　　　　　　　　　测量量表展示

要素	测量项
感知出行效率	（1）利用时间进行娱乐（如看电视、阅读、玩游戏等）； （2）处理重要的事情（如回复电子邮件等）； （3）有利于社交（如与朋友聊天、回复微信、留言）

要素	测量项
感知帮助性	（1）对没有驾驶执照的人有帮助； （2）对没有驾驶经验的人有帮助； （3）对老年人或残疾人有帮助； （4）对饮酒、因服药无法驾驶的人有帮助
感知享受	（1）使用无人驾驶汽车可以解放司机的双手； （2）用户可以享受精神上的放松，特别是在漫长的旅途中； （3）用户可以享受私人空间； （4）速度变化平稳且安静
感知社会效益	（1）降低车辆尾气排放，保护环境； （2）减少交通拥堵； （3）减少交通事故； （4）减少对公共空间的占用（如公共停车位）
担忧	（1）导航不准确，无法找到乘客的位置或目的地； （2）预留停车位的冲突； （3）所依靠的自动驾驶技术不成熟； （4）相关的法规和政策空白； （5）城市基础设施建设还没有准备好； （6）无人驾驶汽车售价高； （7）黑客入侵车辆的计算机系统、系统错误、硬件故障或个人隐私； （8）泄露（如位置和个人电话号码等）； （9）驾驶技能退化
态度	（1）使用无人驾驶汽车是一个好想法； （2）使用无人驾驶汽车是明智之举； （3）使用无人驾驶汽车将会是愉快的经历
使用意向	（1）如果我有机会可以接触到无人驾驶汽车，我打算使用它； （2）如果无人驾驶汽车在未来一年内可以上市，我打算使用它； （3）如果无人驾驶汽车在未来 5～10 年内上市，我打算使用它； （4）我打算现在就购买一辆无人驾驶汽车； （5）我计划在一年内购买一辆无人驾驶汽车； （6）我打算在未来 5～10 年内购买一辆无人驾驶汽车

要素	测量项
对驾驶的热情	（1）我喜欢自己开车； （2）我在买车时在意汽车的安全性能； （3）我喜欢开车时操控的感觉； （4）我习惯自己开车
个人创新意识	（1）我喜欢感受新的科技； （2）紧随科技的发展趋势对我来说很关键； （3）我期待新科技的出现； （4）我总是购买新科技产品，尽管它们比较贵

　　问卷调查表在正式收取数据前进行了预测试部分，即在 25 名年龄在 20～56 岁的参与者中进行了预测试。25 名参与者中有 6 名是具有工商管理或心理学知识的学者，他们很容易注意到问卷的潜在问题，然后提供专业建议。19 名普通受访者是全职员工，也被视为无人驾驶汽车的潜在客户。我们从参与者那里获得了反馈和意见，其中涉及测量项目的措辞、问题的模糊性、量表的格式、建构有效性，以及他们在回答问卷时遇到的任何问题。同时，参与者被问及是否有任何在问卷中没有涉及但他们可能认为很重要的因素。在对原始问卷进行编辑后，又进行了一次预测试，以确保问卷不需要进一步修改。

　　正式问卷包含 21 个问题，包括事实问题、与建构测量有关的问题和人口统计问题，分为三部分。问卷被上传到互联网上，通过在线调查的方式收取数据。220 名参与者参与了此次试点测试，而在剔除了 32 份无法使用的问卷后，最终留下了 188 名参与者的样本。从试点研究中获得的数据已通过完整性、可靠性和建构有效性的测试，均符合要求。这项研究产生了很高的回应率，达到 85%。结果证明用于测量所有构面的测量量表具有较高的可靠性，所有构面的 Cronbach's Alpha（α）都在 0.80 以上，范围在 0.892～0.962。在试点研究之后，我们根据参与者的反馈和建议进行了修改。某些测量量表被重新措辞，以确保参与者能够准确理解问题的含义。

　　在正式问卷调查中，556 名参与者参与了在线调查，而 63 名参与者参与无效，因为他们对每个项目的回答都完全相同。因此，我们收集了493个有效样本，代表了88.60%的回应率。男性和女性在样本中的比例基本相同，其中50.7%为男性，49.3%为女性。他们的年龄主要在18~25岁（37.5%）和26~35岁（30.6%），因此，1/3的参与者属于"Z世代"的人群。他们中的大多数人以前都听说过自动驾驶车辆。在教育方面，78.7%的受访者拥有本科学位。超过一半的参与者是全职员工（58.6%），全日制学生占28%，其余是兼职员工、失业者、退休者和兼职学生。31.8%的参与者的工资在4,500~9,000元。共有69.4%的人有过驾驶经验。大约30%的参与者提到他们的驾驶频率是一年几次，31%的参与者拥有一辆手动驾驶汽车。而36.8%的人表示他们喜欢的无人驾驶汽车是无人驾驶的私家车。这一点在表4-2中显示。

表4-2　　　　问卷调查中人口统计基本信息（人数=493）

类别	变量	频率（人）	百分比（%）
性别	男性	250	50.70
	女性	243	49.30
年龄	18~25岁	185	37.50
	26~35岁	151	30.60
	36~45岁	78	15.80
	46~55岁	66	13.40
	56~65岁	12	2.40
	66岁及其以上	1	0.30
是否听过无人驾驶汽车	是	456	92.50
	否	37	7.50
受教育程度	小学毕业	4	0.80
	初中文凭	10	2.00
	高中文凭	30	6.10
	大学学位	388	78.70
	其他	61	12.40

续表

类别	变量	频率（人）	百分比（%）
目前就业情况	全职工作者	289	58.60
	兼职工作者	27	5.50
	待业人员	22	4.50
	退休	14	2.80
	全日制学生	138	28.00
	兼职学生	3	0.60
月薪	低于1,500元	104	21.10
	1,500~4,500元	137	27.80
	4,500~9,000元	157	31.80
	9,000~35,000元	65	13.20
	35,000~55,000元	9	1.80
	55,000~80,000元	6	1.30
	超过80,000元	15	3.00
是否有驾驶经验	是	342	69.40
	否	151	30.60
驾驶频率	一年内几次	145	29.41
	一个月内数次	90	18.26
	一周内数次	111	22.52
	每天数次	97	19.68
	大约每天一次	50	10.13
自己汽车的自动功能	手动控制	153	31.00
	特定功能自动化	86	17.50
	综合性自动化	80	16.20
	有限自动驾驶功能	52	10.50
	不清楚	122	24.80
倾向于哪种类型的无人驾驶汽车	无人驾驶巴士	182	36.80
	无人驾驶私家车	249	50.50
	无人驾驶出租车	62	12.70

4.4 影响因素分析

通过建立结构方程模型，最终对研究模型进行检验，得出的结果显示使用意向的构件产生的 R^2 为 0.76，表明一半以上使用无人驾驶汽车的意向因素可以由感知出行效率、感知享受、担忧和对无人驾驶汽车的态度解释。此外，感知享受和感知社会效益为态度贡献了 38% 的解释方差（R^2）。这一研究结果有力地证实了本书所提出的概念模型的解释能力。所提假设的结果如表 4 - 3 所示。

表 4 - 3 　　　　　　　检验假设的结果（H1 ~ H6）

假设	路径系数	显著性水平	成立
H1a：感知出行效率正向影响消费者对无人驾驶汽车的态度	0.124	P = 0.054	否
H1b：感知出行效率正向影响消费者使用无人驾驶汽车的意向	0.083 *	P = 0.022	是
H2a：感知享受性正向影响消费者对无人驾驶汽车的态度	0.340 ***	***	是
H2b：感知享受性正向影响消费者使用无人驾驶汽车的意向	0.253 ***	***	是
H3：感知帮助性正向影响消费者对无人驾驶汽车的态度	- 0.063	P = 0.203	否
H4：感知社会效益正向影响消费者对无人驾驶汽车的态度	0.230 ***	***	是
H5：担忧负面影响消费者使用无人驾驶汽车的意向	- 0.095 ***	***	是
H6：态度正向影响消费者使用无人驾驶汽车的意向	0.632 ***	***	是

注：*** 在 P < 0.001 时有意义；** 在 P < 0.01 时有意义；* 在 P < 0.05 时有意义。

在已确定的变量中，八个假设中有六个被接受。从感知出行效率到对无人驾驶汽车的态度这一路径的系数估计不显著（$\beta = 0.124$，$p > 0.05$），因此应拒绝 H1a。感知出行效率与使用无人驾驶汽车的意向之间的正向关系在统计上是显著的（$\beta = 0.083$，$p < 0.05$），因此 H1b 成立。H2a 和 H2b 被接受，证实了感知享受性对态度（$\beta = 0.340$，$p < 0.001$）及使用无人驾驶汽车的意向（$\beta = 0.253$，$p < 0.001$）因素有显著的影响作用。这一发现证实了之前的说法，即为消费者提供充满"乐趣、幻想、感官和享受"体验的 IT 产品可以刺激他们的购买，同时也证实了感知出行效率对用户使用无人驾驶汽车意向的激励作用，反映了消费者的购买行为是受到实现享乐体验或实用性利益的鼓励。感受到的帮助与无人驾驶汽车的态度之间的正向关系未能得到证实（$\beta = -0.063$，$p > 0.05$），因此拒绝了 H3。H4 得到支持（$\beta = 0.230$，$p < 0.001$），即感知的社会效益会正向影响消费者对无人驾驶汽车的态度。这些发现与现有的研究结果一致，即消费者可能更关注个人利益而不是社会利益，因为在概念模型中，感知的社会效益对态度的影响比感知享受性要低。消费者对无人驾驶汽车的担忧对其行为意向的负面影响得到证实（$\beta = -0.095$，$p < 0.001$），因此 H5 被接受。这也印证了之前的研究结果，即消费者对使用无人驾驶汽车的担忧会对其使用意向产生阻碍影响，例如，技术的不成熟、法律法规的相对滞后、保险问题及道德问题等。H6 假设成立，即消费者态度和使用无人驾驶汽车的意向之间的正相关性得以确定（$\beta = 0.632$，$p < 0.001$）。无论产品或服务的类型如何，消费者的态度对其行为意向都有很大影响。这与威廉·佩雷等（William Payre et al.，2014）的研究结论相一致，即用户使用全自动汽车的意向可以通过他们对产品的态度来预测。

综上所述，影响消费者使用无人驾驶汽车意向的重要因素已经确定，即享乐型动机、实用型动机、个人的社会责任意识和个人对无人驾驶汽车的态度。在已确定的动机中，享乐型动机是其他关键性因素中影响消费者对无人驾驶汽车积极态度的最有利因素，同时也对消费者的行为意向有直接影响。消费者对使用无人驾驶汽车所持有的多维度担忧因素被确认为第二个重要指标，对消费者使用无人驾驶汽车的意向产生阻碍作用。

从 H7a 到 H7h 的假设显示了驾驶激情作为调节变量对个人关于无人驾

驶汽车认知的前导和后果因素的影响；从 H8a 到 H8h 的假设显示了个人创新意识作为调节变量对个人有关无人驾驶汽车认知的前导和后果因素的影响。就评估假设的调节效应的 P 值水平而言，传统的 P < 0.05 的显著性水平过于严格。因此，笔者采用 p < 0.1 作为调节器检验的显著性水平。通过结构方程模型的计算，结果证实了驾驶激情对消费者接受无人驾驶汽车起调节作用。这个因素削弱了感知享受性和对无人驾驶汽车的态度之间的正向关系（H7c），以及态度和使用意向之间的正向关系（H7g）。相反，它强化了消费者对无人驾驶汽车的担忧与使用意向之间的负相关（H7h）。

在对调节因素进行检验后，研究证实了驾驶激情在无人驾驶汽车接受度研究中的调节作用。结果显示，驾驶激情削弱了感知享受性和消费者态度之间的正向关系。也就是说，对于爱好驾驶的人，他们从无人驾驶汽车中获得的感知享受性对其使用意向的影响比其他人要少；驾驶激情会强化消费者担忧和使用意向之间的负相关；驾驶激情会削弱消费者对无人驾驶汽车的态度和使用意向之间的正相关。

同时，社会人口变量对消费者看待无人驾驶汽车的态度和使用意向也产生一定的影响。研究结果显示，一方面，年龄和性别分别对消费者态度和使用意向有显著影响，尽管性别所产生的影响较弱。其他前文中提到的社会人口学变量，教育经历和驾驶经验对消费者态度和使用意向没有显著影响。另一方面，在进行了多组差异测试之后得出，在 90% 的置信度下（p = 0.079），25 岁以上的消费者认为使用无人驾驶汽车所获得的感知享受性对态度的正向影响会比年轻人要强。换句话说，年长的顾客更欣赏乘无人驾驶汽车能提供的享受感和舒适性，如解放自己的双手、缓解开车带来的精神压力、放松和享受私人空间等。

在性别方面，本研究结果显示男性和女性对无人驾驶汽车持有相同的看法，而之前的研究表明，一般情况下，男性和女性对接受科技产品持有不同的看法。关于无人驾驶汽车，男性和女性也表达了不同的使用意向。男性通常表现出更高的倾向去使用无人驾驶汽车，同时他们对使用无人驾驶汽车的担忧较少，认为这种技术更安全；女性对使用无人驾驶汽车的担忧程度更高。在本研究中，性别差异在对无人驾驶汽车使用意向中的不显著性可以通过考虑消费者的情感因素来解释。例如，对无人驾驶汽车的情感反应（如焦虑和愉悦）可以克服性别差异。

　　到目前为止，所有提出的假设都得到了检验和评估，对所提出的无人驾驶汽车接受模型进行了完善。与基于研究 1 的叙述性数据而预先设计的概念模型相比，经过结构方程模型验证后的研究模型展示了变量之间更为准确的关系和影响消费者使用无人驾驶汽车的主要影响因素。其中，用户感知出行效率和感知享受性对用户使用意向产生积极影响，而感知帮助性并不是消费者接受无人驾驶汽车的一个重要因素。此外，消费者对无人驾驶汽车的态度对其使用意向有很大的影响，而这一因素又受到感知享受性和感知社会效益的影响。这与用以解释消费者行为的原理相呼应，即"观点—态度—意向"。消费者对使用无人驾驶汽车的担忧确实对使用意向有阻碍影响。个人驾驶激情作为调节变量也得以验证，而个人技术创新意识对消费者接受无人驾驶汽车并未产生影响。

4.5　无人驾驶汽车市场推广关键性因素

　　影响消费者使用无人驾驶汽车意向的重要因素已经确定，即享乐型动机、实用型动机、个人的社会责任意识和对无人驾驶汽车的态度对其行为意向有积极影响。一方面，感知享受性因素对消费者态度起着最为重要的影响，同时也对消费者的行为意向产生直接影响。另一方面，消费者对使用无人驾驶汽车所产生的多方面担忧对其使用意向会产生阻碍作用。本书通过对早前研究的梳理与分析，结合实证研究深入地了解消费者是如何看待无人驾驶汽车的出现及其使用意向，精确地分析与评估影响消费者使用无人驾驶汽车的主要因素，通过整合与传统的以 TRA 理论为基础的研究理论并提出了消费者接受无人驾驶汽车的概念模型，详细阐述了消费者看待无人驾驶汽车的态度如何影响他们的使用意向。

4.5.1　态度

在技术接受领域中，以及在无人驾驶汽车的背景下，人们发现态度和使用意向之间存在着强烈的正相关。感知享受性和感知社会效益都会对态度有重要影响。这一结果与奥哈娜·兹穆德等（Johanna Zmud et al.，2016）的观点一致，他们认为消费者对科技产品的态度对其使用科技产品的影响往往比因社会人口因素而产生的影响更大。这也与威廉·佩雷等（William Payre et al.，2014）的研究结果一致，研究者认为要提升消费者使用无人驾驶汽车的意向，应该评估消费者对无人驾驶汽车的态度，因为这是影响消费者使用意向最主要的因素之一。

在自动化程度最高的情况下，这个因素将更加重要，因为在整个出行过程中，驾驶员将不必全程监控驾驶，且不承担任何责任。就可预见的自动驾驶技术的未来而言，如果用户在自己的驾驶能力受损的情况下使用无人驾驶汽车，很有可能用户也并不清楚自己的法律责任是什么。

此结论与 TRA 模型的原理相符，表明个人行为通常是基于前期的态度和行为意向，因此个人对其行为结果的信念强度将影响其态度。毫无疑问，态度对使用意向的影响是至关重要的，并且在不同的研究背景中都是始终一致的。

4.5.2　感知享受性

在用户对无人驾驶汽车的态度和使用意向方面，感知享受性可以很好地预测消费者对待无人驾驶汽车的态度和使用意向。这说明在我们探讨的其他因素中，无人驾驶汽车的享乐性特征是吸引潜在消费者最有效的刺激因素。这不仅回答了研究中需要了解消费者使用意向的因素，如舒适性和情感反应（愉悦和焦虑），因为这些在无人驾驶汽车的接受中显得很重要，而且拓展了我们的知识面即将享乐型动机运用于科技接受研究中并跨越不同的研究背景。这与托马斯匈（Thomas Bjørner，2017）强调的感知享受性对使用无人驾驶汽车的影响提供了支持。这也与伊丽莎白·赫希曼和莫里斯·霍尔布鲁克（Elizabeth C. Hirschman & Morris B. Holbrook，1982）的研究结果相呼应，它们提出消费者评价一个新的科技产品要么是为了解决某些问题，要么是为了寻求"乐趣、幻想、感官刺激和享受"。这一点在不同背景下的技术接受研究中得到了证实。例如，移动应用的使用，基于网络的信息系统的接受，以及消费者的购物行为。在无人驾驶汽车方面，现有的研究描述了使用无人驾驶汽车的享乐，如解放司机的双手，感到轻松，以及一种令人愉快、有趣的感觉。这一点与基里亚基迪斯等（M. Kyriakidis et al.，2014）提到的"消费者在很大程度上期望无人驾驶汽车的使用是令人愉快和舒适的"是相符的。

4.5.3 感知社会效益

研究结果将感知社会效益确定为消费者对无人驾驶汽车态度的预测因素，从而推动了技术接受方面的研究。在以往关于无人驾驶汽车接受度的研究中，这一因素并没有得到合适的分析，尽管其他研究已经注意到它对消费者行为有潜在正向影响。这一发现为以下观点提供了佐证，即具有较强社会公民意识的消费者会格外关心其购买或消费行为对社会所产生的影响，也更偏向于使用环境友好型产品。因此，这一因素也应该影响他们对无人驾驶汽车的态度。关于这项研究，研究 1 的结果与之前的研究结果一致，这些研究提到了无人驾驶汽车对环境可能产生积极影响的潜力，如减少交通拥堵、减少不必要的尾气排放、在城区有效缩减停车位、创造一个新的交通生态系统。

4.5.4 感知出行效率

感知出行效率对用户使用无人驾驶汽车的意向有很大的影响，这表明实用性因素在技术接受中的主要作用。这也符合 TAM 原理中所强调的，即感知有用性对消费者使用信息系统和技术的意向有直接影响。此外，感知出行效率作为无人驾驶汽车接受度的重要影响因素之一，与哈布奇等（Chana J. Haboucha et al.，2017）的研究观点一致，即无人驾驶汽车可以在提高效率方面有所帮助，使司机能够腾出时间去做其他事情。

但有趣的是，这一因素并没有影响到用户对无人驾驶汽车的态度。这与坎瓦尔德普·考尔和吉赛尔·兰佩萨德（Kanwaldeep Kaur & Giselle Rampersad，2017）的研究结论相似，即在使用无人驾驶汽车所能带来的好处中，如允许司机在驾驶时/移动中做其他事情，只有移动性所体现的好处与信任有关联。这可能是由于肖恩·卡斯利等（Sean V. Casley et al.，2013）注意到的主要考虑因素，其中包括消费者认为自动驾驶技术的安全性如何、无人驾驶汽车的成本，以及消费者对目前有关使用无人驾驶汽车的相关法律的适应程度。一旦消费者认为无人驾驶汽车是安全的，并对相关法律法规和汽车销售价格感到满意，他们的关注点就会转向次要影响因素，包括使用无人驾驶汽车可以提高生活的效率和品质（如为幼儿、年长者或残疾人的出行提供便捷，减少驾驶压力，并允许司机在行驶过程中做其他事情），以及所能带来的对环境的好处。当然，这些次要的影响因素将影响消费者们是否愿意购买。目前为止，感知出行效率对消费者的态度影响是较少的。实际上，较高级别的无人驾驶汽车还没有在市场上出现，消费者较难想象这些好处。为了使这些好处得以实现，消费者需要实际使用无人驾驶汽车的同时与无人驾驶汽车进行互动。

4.5.5　阻碍

对消费者使用无人驾驶汽车意向有阻碍作用的影响因素主要是由多维度的担忧构成，包括担心驾驶技能的退化、无人驾驶汽车高昂的费用、技术问题、有关无人驾驶汽车法律法规的滞后、黑客攻击和隐私泄露。

早前的研究强调，缺乏公众信任是采用新技术的主要障碍，因此研究者们对影响信任的前因进行了大量研究。然而，并非所有感知类型的问题都与信任有关，这些问题的出现往往很复杂，包括"与美学有关的、对待驾驶的情感和感官反应，以及亲属关系、社会性、居住和工作的模式"及

"放松的意识"。在本书中,我们所探讨的担忧因素都来源于对消费者感知的分析,在不同维度的担忧因素中,消费者对自身驾驶技能退化的担忧以及如何评估与验证各类影响因素在无人驾驶汽车背景下的信度与效度是之前研究中未提及的新内容。

4.5.6 驾驶技能的退化

在研究1中,被采访者提到了对自身驾驶技能退化的担忧,在研究2中被证实此因素会对消费者使用无人驾驶汽车的意向产生阻碍作用。这是因为消费者的操纵感(如决策)会因为使用无人驾驶汽车而降低。相似的问题也出现在消费者接受高级别驾驶辅助系统中。在部分自主驾驶模式下,用户仍然被认为是真正的驾驶者,有能力控制车辆并进行任务的操纵,如停车。然而,在无人驾驶模式下,用户是不必进行操纵的,他们的角色将从司机转为乘客,在驾驶过程中不需对车辆运行进行干预。因此,随着时间的推移,用户自身的驾驶能力可能会出现退化,这种担忧可能会导致一些消费者拒绝使用无人驾驶汽车。例如,个人特性中的一些表现,驾驭感和驾驶激情反映的都是同一类型的问题。

此外,正如威廉·佩雷等(William Payre et al.,2014)所提出的,这种担忧可能会因社会影响而加剧,因为那些使用无人驾驶系统的用户可能会被别人判断为驾驶技术不佳。特别是在最高级别的无人驾驶汽车中,用户完全不需要对车辆运行进行监督,也不需要人工干预,这意味着用户也不需要具备驾驶技能。因此,之后的相关研究应该考虑社会因素对消费者使用无人驾驶汽车可能会产生的影响。

4.5.7 高昂的价格

研究1的被采访者提及了无人驾驶汽车的费用问题,并表示自己可能负担不起车辆的费用,因为新的科技产品首次在市场推出时往往价格很高。此外,无人驾驶汽车的保险费用将比手动汽车或半自动驾驶汽车的保险费用要高。同样，丹尼尔·法格南特和卡拉·科克尔曼（Daniel J. Fagnant & Kara Kockelman，2015）认为，无人驾驶汽车最初的成本可能是非常高的，这将无疑对产品在推广与渗透市场这一环节造成阻碍。奥哈娜·兹穆德等（Johanna Zmud et al.，2016）也研究了支付意愿这一因素，并注意到很少有消费者表明他们愿意为拥有一辆无人驾驶汽车而支付明显高于其他类型新车的平均价格，并认为目前无人驾驶汽车的市场需求可能较弱。巴克利·丽莎等（Buckley Lisa et al.，2018）还强调，大多数受访者较为笃定地认为自己无法负担早期使用无人驾驶汽车所产生的额外费用。

4.5.8 技术问题

自动驾驶技术的发展仍处于初步阶段，因此面临的技术挑战是多方面的，包括导航系统的性能、预留停车位的冲突、预测不同类型的情况和天气状况的困难，以及城市和公路环境中不匹配的基础设施变化等。然而，有趣的是，一些受采访者提到，提高安全性是使用无人驾驶汽车的最大好处之一，因为人为错误/失误被认为是道路交通经常发生事故的主要原因。只要驾驶员不注意、分心或超速都会造成交通事故。相反，一些参与者对自动驾驶技术抱有较低的信心，并对车辆安全方面产生较多的担忧。这一表现可能与个人特性中的倾向于体验新奇、多样、复杂和强烈的感觉，并愿意为这种体验而冒险的精神有关。

4.5.9 滞后的法律法规

目前还没有关于使用无人驾驶汽车的法律法规明确出台，之前的研究认为这种情况与法律和保险、交通立法及车辆许可和车辆测试问责等内容紧密相关。上述问题在无人驾驶汽车的接受过程中是必然存在的，因为科学技术的发展往往比相关法律和监管制度的发展更快，即技术开启了新的可能性，而监管者则应该紧随其后建立相应的秩序。在无人驾驶汽车的目前发展过程中，消费者被定义为乘客或司机的界限仍是模糊的，因此消费者在使用无人驾驶汽车时或许并不清楚自己的权利和责任。这一系列与法律法规相关联的问题是相关政府、法律机构需要解决的。

4.5.10　黑客攻击和隐私泄露

被采访者还表现出对黑客入侵车辆的计算机系统、软件错误、硬件错误或泄露私人信息（如位置和电话号码）等的担忧，这也可以被视为道德问题。例如，GPS 跟踪、个人信息的披露、有针对性的监控和大规模监控。这些担忧与全球信任密切相关。

显然，顾客对无人驾驶汽车的关注是多维度的，不仅与实际产品或驾驶本身有关。因此，未来的研究可以尝试从不同的用户角度，如社会学的角度，探索和验证任何未被披露的问题，这些问题也大大限制了客户对无人驾驶汽车的行为意向。尽管如此，那些已经确定的障碍提供了巨大的信息，有助于汽车制造商和营销经理制定在大众市场上推出产品的战略。

4.5.11　个体差异变量

本书对个体差异变量如何影响消费者对无人驾驶汽车认知的形成，以及它们在无人驾驶汽车接受度方面的作用进行解释，进一步推动了此类营销文献的发展。以往的研究注意到个人特性对消费者接受无人驾驶汽车的一些潜在影响，但没有采用实证研究来证明其假设，例如，个人创新精神、驾驶激情、社会规范、自信心和操纵感。

在本书中主要深入分析了两类个人特性因素，即个人创新意识和驾驶激情。研究结果证实了驾驶激情在用户接受无人驾驶汽车方面起调节作用，即调节变量。第一，驾驶激情强化了消费者担忧和使用意向之间的负相关性。第二，驾驶激情削弱了感知乐趣和对无人驾驶汽车的态度之间的正向关系。第三，驾驶激情削弱了消费者对待无人驾驶汽车的态度和使用意向之间的正向关系。这些都与毕马威的观点一致，即毕马威认为驾驶激情与消费者对无人驾驶汽车的接受度有显著关联，并对用户的使用意向产生阻碍作用。

遗憾的是，个人创新能力的调节作用在本书中没有得到证实。此外，本书还探讨了社会人口学变量对无人驾驶汽车接受度的影响，与之前的研究相比，在年龄和性别方面的结论有所不同。尽管如此，由于研究目标的不同及文化和人口统计学的差异，不同国家和研究中关于个人特性和社会人口变量对用户认知和采用的不同结果是可以接受的。

4.5.12 驾驶激情

在无人驾驶汽车方面，激情是指个人对驾驶的热情程度，例如，对驾驶有高度热情的汽车爱好者更有可能使用他们的普通汽车而不是无人驾驶汽车。这项研究的结果显示，对驾驶的热情加强了担忧与使用意向之间的负面关系，也就是说，对于汽车爱好者来说，对无人驾驶汽车的担忧比对驾驶热情较低的其他人对使用意向的影响更大。此外，对驾驶的热情削弱了感知乐趣和对无人驾驶汽车的态度之间的正向关系。也就是说，对于汽车爱好者来说，他们的感知乐趣对使用意向的影响比其他人要小。此外，对驾驶的热情削弱了对无人驾驶汽车的态度和使用意向之间的正向关系，这意味着对驾驶热情高的人来说，对无人驾驶汽车的态度对使用意向的影响比对驾驶热情低的人要小。在对高级驾驶辅助系统（ADAS）的接受程度的研究中也有同样的发现，那些对驾驶有热情的人不太可能接受 ADAS，因为它将把控制权从驾驶员手中夺走。

在无人驾驶汽车中，先进的自动驾驶技术能够直接控制所有的驾驶任务，并采用驾驶员的传统角色。驾驶员可能会认为他们不再是真正的驾驶员，尤其是驾驶爱好者，他们会将驾驶视为他们身份的一部分，他们关心驾驶时的身体感觉（如转向和导航）。他们可能会买一辆与自己的驾驶风格相似的车。因此，委托驾驶可能会降低他们的控制感，对驾驶体验产生负面影响。沿着这些思路，巴克利·丽莎等（Buckley Lisa et al.，2018）表示，驾驶爱好者使用无人驾驶汽车的倾向性较低，因为他们喜欢的驾驶方式会被无人驾驶汽车夺走。这样的发现进一步强调了对无人驾驶汽车的积极认知（如感知到的享受）与弱的使用意向之间的矛盾。因此，无人驾驶汽车的积极特征是否能促进其实施，取决于用户的个人特性。

4.5.13　技术创新意识

参与者提到了对技术的兴趣，并在之前的研究中被评价为对使用无人驾驶汽车的意向有积极影响。然而，这项研究产生了不同的结果。人们可以认为，对技术的兴趣会增加使用无人驾驶汽车的意向，但目前还有很多问题没有解决，各种顾虑可能限制了技术爱好者对驾驶无人驾驶汽车的兴趣，例如，自动驾驶技术的初级阶段、黑客和隐私问题、无法负担的价格等。一旦这些担忧得到解决，技术爱好者很可能会比其他人更积极地使用无人驾驶汽车。此外，由于研究目标的不同及文化和人口统计学之间的差异，不同国家和研究中关于用户认知和采用的个人特性和社会人口变量的结果不同也很常见。

4.5.14　社会人口学因素

一方面，驾驶经验、教育和性别作为社会人口学因素，在本书中对消费者使用无人驾驶汽车的意向没有显著影响，年龄是例外。这与奥哈娜·兹穆德等（Johanna Zmud et al. ，2016）和克里斯蒂娜·罗德尔等（Christina Rödel et al. ，2014）的研究结果相一致，他们提到教育和驾驶频率对消费者接受无人驾驶汽车没有影响。另一方面，与25岁以上的顾客相比，年轻顾客对无人驾驶汽车的感知享受和态度之间的正向关系更弱。换句话说，使用无人驾驶汽车的享乐利益对年轻人来说可能没有足够的吸引力，而年长的顾客对从无人驾驶汽车中获得享乐和舒适的体验有更高的期望。同样，斯泰西·伍德（Stacy Wood，2013）发现，老年消费者强烈表示使用无人驾驶汽车是一个好主意，是一种愉快的体验。对于年龄在26～35岁的顾客来说，情况尤其如此。另一个证据显示，个人对自主驾驶系统的偏好随着年龄的增长而增加。

这一现象背后的一个合理原因可能是，25 岁以上的顾客有更密集的生活节奏，工作量大，精神压力大。在这种情况下，无人驾驶汽车的享乐利益会更有吸引力，因为这些顾客可以在驾驶过程中进行精神休息、放松身心、享受私人空间，或者做其他事情。新浪诺德霍夫等（Sina Nordhoff et al.，2016）表示无人驾驶汽车为消费者提供了一个多维的车辆空间，并可以根据用户的喜好进行调整。例如，员工可以乘坐瑜伽车，这可以让他们有时间呼吸，从繁忙的生活中退一步，重新获得动力。另一个原因可能是，每天必须在路上花费大量时间的通勤者往往更能体会到无人驾驶汽车的好处，特别是对于通勤时间较长的个人，因为他们会欣赏利用这段时间来放松、娱乐或小憩的能力。

4.5.15　年龄

年龄在 18～25 岁的年轻顾客（"Z 世代"）的行为与前几代人不同，他们有独特的特点，如对创新感兴趣及对安全的渴望、节俭和对储蓄感兴趣、对品牌的忠诚度不高、更关心体验。事实上，在分析了关于担忧的 7 级李克特量表后，来自"Z 世代"群组的参与者非常担心"保留停车位的冲突"和"无人驾驶汽车的高售价"，并对使用仍处于起步阶段的自动驾驶技术、缺乏相关法规和政策、黑客攻击和隐私问题表示适度担忧。对于年轻顾客来说，这些担忧似乎是接受无人驾驶汽车的主要障碍。因此，一旦这些关键问题得到解决，使顾客认为无人驾驶汽车是安全的，并对相关法律和销售价格感到满意，此后，他们将关注使用无人驾驶汽车的好处，如解放双手、舒适的体验和高效的生活。这一点可以在未来的研究中通过小组访谈进行评估，以进一步了解年轻人对无人驾驶汽车的意见。

4.5.16　性别问题

就性别而言，态度对使用无人驾驶汽车意向的影响在男性和女性参与者之间并无差异。这与之前的研究相反，这些研究发现女性比男性更谨慎、更保守；使用和购买无人驾驶汽车的愿望也更小。这可能是因为对无人驾驶汽车的情感（如愉悦和焦虑）可以最大限度地减少接受无人驾驶汽车的性别差异。另一个合理的解释是，尽管女性对技术的关注程度往往高于男性，但这种倾向并不普遍，也不适用于无人驾驶汽车的情况。

4.6 本章小结

本章根据确认的假设和提出的理论模型，讨论了本书的结果。这些讨论与其他研究者在无人驾驶汽车方面的发现及消费者营销文献中的现有知识进行了综合。换句话说，每个因素都被充分地讨论了，有来自本研究和现有研究的支持，以及合理的解释。通过这样做，整个研究对无人驾驶汽车的接受度进行了全面的阐述和解析。

同时，所得的理论和实践意义超越了无人驾驶汽车本身。本书的原创性贡献总结为以下四点。

（1）提出了一个新的理论模型，通过将探索到的新因素整合到 TRA 模型中来研究用户使用无人驾驶汽车的意向，在新的背景下扩展了这类认知导向理论的边界条件。

（2）回答了通过考虑潜在客户的观点来探索用户使用无人驾驶汽车意向的重要预测因素及需求。经过验证的重要因素依次包括用户对无人驾驶汽车的态度、感知的享受、用户的担忧、感知的出行效率对用户使用意向的影响。感知乐趣和感知社会效益是用户对无人驾驶汽车态度的重要预测因素。年龄对态度有很大影响。

（3）通过验证对无人驾驶汽车的感知与用户使用意向之间的影响，揭示了驾驶激情在用户接受无人驾驶汽车方面的调节作用。

（4）采用混合方法进行研究，并为新探索的影响因素建立测量围度，可用于未来的相关研究。

第 5 章

无人驾驶汽车市场推广的举措

对于汽车市场的所有相关利益方：汽车制造商、营销经理、政策制定者和政府机构，影响无人驾驶汽车广泛实施和渗透到大众市场的促进因素和阻碍因素已经得到了验证，因此，各方力量应该共同努力，解决用户对无人驾驶汽车的各种担忧所造成的阻碍，例如，技术问题、滞后的法律法规、黑客和隐私问题、难以负担的价格和其他与汽车有关的费用，以及对驾驶技能退化的担忧。此外，他们还需要努力满足使用无人驾驶汽车所能带来的预期利益，例如，节省通勤时间，解放司机的双手，在驾驶时可以做其他事情，减少交通排放，缓解交通拥堵，增加流动性。此外，本书建议营销经理应调整策略，以吸引 18～25 岁的年轻客户（"Z 世代"）和 25 岁以上的客户（早期世代），因为他们对无人驾驶汽车有明显不同的看法。

5.1 消费者角度

解决消费者对使用无人驾驶汽车所表现出的担忧是当务之急。通常情况下，用户会同时关注无人驾驶汽车的技术问题和安全问题，例如，无人驾驶汽车在不同条件下的表现（如在雨天、道路布局改变、城市交通系统复杂等情况下）和技术故障。因此，提供一个选项，允许用户关闭自动驾驶模式，并在极端情况下干预驾驶过程，以增加用户的安全感，将会很有帮助。这将吸引那些喜欢汽车和驾驶的客户，以及那些渴望控制汽车，而不想放弃自己作为司机角色的客户。另一个有希望的策略是设计解决方案，在自动化过程中，在封闭的环境或建设区（如长隧道中），让无人驾驶汽车保持在控制圈内，而不需要司机负责，并开发联合驾驶系统，帮助人类司机，而不是取代他们。这可能是一个折中方案，以安抚用户对无人驾驶汽车的享乐期望与承担驾驶责任之间的矛盾。如果有必要，可以考虑制订一个驾驶员许可计划，以确保驾驶员了解如何安全操作无人驾驶汽车。虽然可能不要求司机干预无人驾驶汽车的性能，但可以学习一些关于其操作系统的基本知识、局限性及在某些情况下如何恢复对无人驾驶汽车的控制作为先决条件。

由于目前还没有明确的与拥有或使用无人驾驶汽车相关的法律法规，因此法律方面较为空缺。政策制定者和政府机构应明确界定和澄清使用无人驾驶汽车的条件，并平衡用户和汽车制造商之间的责任与义务，以应对使用无人驾驶汽车可能出现的系列问题。关于黑客攻击和隐私问题，研发部门的管理人员应该带领他们的团队研究防止黑客攻击的方法，并尽量减少客户的隐私担忧：加密、匿名化、尽量减少个人信息、定期销毁数据等方法将有助于保护个人信息和防范隐私风险。

为了解决用户对成本的担忧，营销经理可以进行调查或采访拥有半自动驾驶汽车或使用手动汽车的消费者，以了解用户愿意为购买无人驾驶汽车支付的价格。这些信息可以帮助汽车公司准确计算出他们的利润率，然后为无人驾驶汽车制定一个合理的价格。这将使无人驾驶汽车更容易销售并渗透到大众市场。同时，可以借鉴其他已通过的改善交通系统的策略来开发无人驾驶汽车的市场。一个很好的例子是，中国政府为每辆电动汽车分配了补贴，以鼓励电动汽车而不是汽油动力汽车，并为电动汽车购买者提供免费车牌（Charles，2017）。也就是说，地方政府和中央政府可以利用激励措施来提高客户对无人驾驶汽车的接受度和购买意愿。

5.2　汽车制造商角度

汽车制造商应努力实现无人驾驶汽车的社会效益，因为这些效益对用户的态度有积极影响，例如，减少交通排放和燃料消耗、减少交通拥堵、减少停车问题、释放社会空间、减少交通事故和可持续交通。这样的社会效益会得到关心消费行为和具有强烈社会责任感的客户的赞赏。总而言之，营销经理和倡导者应该在宣传无人驾驶汽车的各种好处上多下功夫，以吸引顾客，甚至可能在一定程度上抵消顾客对无人驾驶汽车的担忧。

汽车制造商应该改进他们的设计策略，考虑到消费者的喜好，如用户个人偏好的乘坐感受、加速曲线和行进距离，以及车体内部装饰等。这些可以确保以客户为导向的需求得到满足。如上所述，汽车制造商应考虑保留让驾驶者在某些情况下从自主模式切换到手动驾驶的选项，而不是使顾客完全丧失驾驶的乐趣，这在一定程度上会弱化驾驶激情较高的消费者对无人驾驶汽车的排斥感。

营销渠道的拓展者应确保在进行产品宣传与渠道铺设的过程中，使用合适的社会媒体和沟通方式来进行产品优势的宣传与推广，如广播、网站、社交媒体（如微博、小红书、微信公众号等），以及有专家参与的汽车访谈节目来谈论先进的驾驶技术。这是一种合适的方式，可以主动缓解、公开讨论公众对无人驾驶汽车的担忧并给予安抚，增强公众对自动驾驶技术和无人驾驶汽车的信任。同时可以考虑在一线主要城市设立线下展厅，进行产品的展示与互动，让潜在消费者有更多的机会可以全面地接触与了解无人驾驶汽车，目前新能源汽车的推广模式就极具参考性。

5.3　市　场　角　度

初步验证，用户认为享受无人驾驶汽车的使用体验是对用户态度和使用无人驾驶汽车意向最重要的激励因素。因此，产品经理应该在广告宣传中强调用户如何实现无人驾驶汽车的享受效果，例如，停车时减少驾驶压力，在漫长的旅途中有机会做一些有趣的事情，精神上的休息、放松，有私人空间小憩等。在某种程度上，强调这类好处会抵消用户对无人驾驶汽车的焦虑等相关反应。

这种类型的好处对 25 岁以上的客户特别有吸引力，因为这个年龄段的人可能是每天花大量时间通勤的人，或者长期处于紧张的生活方式之下（如工作量大、没有私人时间、高度的精神压力）。此外，宣传用户在使用无人驾驶汽车时可以有效地利用时间完成其他任务，因为这些可以便于用户进行其他活动，例如，在后座上照顾孩子、查看电子邮件或回复电话信息。

综上所述，当无人驾驶汽车准备在大众市场上销售时，上述所提及的感知优势都可以成为产品推广的切入点，并能有效地刺激消费者对无人驾驶汽车的使用，另一个非常重要的前提是消费者所提及的潜在担忧问题应当首先得到解决。

5.4　本章小结

本章根据前文所得结论对如何进行无人驾驶汽车的市场推广进行了分析，主要从消费者角度、汽车制造商角度和市场角度三个方面进行了展开。我国无人驾驶汽车的市场推广是一片崭新的领域，涉及的内容多且广，同时也为后续的研究指出了方向，此领域内容将会不断地被完善与充实。

参 考 文 献

[1] Adell E. Acceptance of driver support systems. The Proceedings of the European conference on human centred design for intelligent transport systems [C]. 2010.

[2] Agarwal R. & Prasad J. A conceptual and operational definition of personal innovativeness in the domain of information technology [J]. Information systems research, 1998, 9 (2): 204 –215.

[3] Ajzen I. From intentions to actions: A theory of planned behavior. In Action control [J]. Heidelberg, Berlin: Springer, 1985: 11 –39.

[4] Ajzen I. The theory of planned behavior [J]. Organizational behavior and human decision processes, 1991, 50 (2): 179 –211.

[5] Ajzen I. & Fishbein M. Understanding attitudes and predicting social behaviour [M]. Englewood Cliffs: Prentice – Hall, 1980.

[6] Akman I. & Mishra A. Gender, age and income differences in internet usage among employees in organizations [J]. Computers in Human Behavior, 2010, 26 (3): 482 –490.

[7] Alan Bryman E. B. Business Research Methods (4th ed.) [M]. Combridge, United Kingdom: Oxford University Press, 2015.

[8] Albarracín D. , Johnson B. T. & Zanna M. P. The handbook of attitudes [M]. New York: Psychology Press, 2005.

[9] Alisa P. & Chris W. Google discloses costs of its driverless car tests [R]. 2012.

[10] Alves R. & Nascimento C. Gross errors detection of industrial data by neural network and cluster techniques [J]. Brazilian Journal of Chemical Engi-

neering, 2002, 19 (4): 483 – 489.

[11] Babbie E. The practice of social research (8th ed.) [M]. London: Wadsworth Publishing Company, 1998.

[12] Bagozzi R. P. & Lee K. – H. Multiple routes for social influence: The role of compliance, internalization and social identity [J]. Social Psychology Quarterly, 2002: 226 – 247.

[13] Bahl S. & Milne G. R. Mixed methods in interpretive research: An application to the study of the self concept. In W. B. Russell (Ed.), Handbook of qualitative research methods in marketing [M]. Cheltenham: Edward Elgar, 2006: 198 – 218.

[14] Banks V. A. & Stanton N. A. Keep the driver in control: Automating automobiles of the future [J]. Applied Ergonomics, 53 (Part b), 2016: 389 – 395.

[15] Bansal P. , Kockelman K. M. & Singh A. Assessing public opinions of and interest in new vehicle technologies: An Austin perspective [J]. Transportation Research Part C: Emerging Technologies, 67 (Supplement C), 2016: 1 – 14.

[16] Barbara M. B. Structural equation modeling with AMOS: Basic concepts, applications, and programming (3rd ed.) [M]. New York: Routledge, 2016.

[17] Baron R. M. & Kenny D. A. The moderator-mediator variable distinction in social psychological research: Conceptual, strategic and statistical considerations [J]. Journal of personality and social psychology, 1986, 51 (6): 1173.

[18] Barry B. , Darden W. R. & Griffin M. Work and/or fun: Measuring hedonic and utilitarian shopping value [J]. Journal of consumer Research, 1994, 20 (4): 644 – 656.

[19] Batra R. & Ahtola O. T. Measuring the hedonic and utilitarian sources of consumer attitudes [J]. Marketing letters, 1991, 2 (2): 159 – 170.

［20］ BBC. Baidu's self-drive buses enter 'mass production', 2018.

［21］ Becker F. & Axhausen K. W. Literature review on surveys investigating the acceptance of automated vehicles ［J］. Transportation, 2017, 44 (6): 1293 – 1306.

［22］ Begg D. A 2050 Vision for London: What are the implications of driverless transport? ［Z］. 2014.

［23］ Bellem H. , Thiel B. , Schrauf M. & Krems J. F. Comfort in automated driving: An analysis of preferences for different automated driving styles and their dependence on personality traits ［J］. Transportation Research Part F: Traffic Psychology and Behaviour, 2018, 55: 90 – 100.

［24］ Benenson R. , Petti S. , Fraichard T. & Parent M. Towards urban driverless vehicles ［J］. International journal of vehicle autonomous systems, 2008, 1 (6): 4 – 23.

［25］ Bhattacherjee A. Understanding information systems continuance: An expectation-confirmation model ［J］. MIS quarterly, 2001: 351 – 370.

［26］ Bjørner T. Driving pleasure and perceptions of the transition from no automation to full self-driving automation ［J］. Applied Mobilities, 2017: 1 – 16.

［27］ Blair J. , Czaja R. F. & Blair E. A. Designing surveys: A guide to decisions and procedures ［M］. Thousand Oaks: Sage Publications, 2013.

［28］ Blaxter L. , Hughes C. & Tigh M. How to research. (4th ed.) ［M］. Maidenhead: McGraw – Hill/Open University Press, 2010.

［29］ Bonnefon J. – F. , Shariff A. & Rahwan I. The social dilemma of autonomous vehicles ［J］. Science, 2016, 352 (6293): 1573 – 1576.

［30］ Brewer J. & Hunter A. Foundations of multimethod research: Synthesizing styles ［M］. California: Sage Publications, 2006.

［31］ Brooks J. Young people with diabetes and their peers-an exploratory study of peer attitudes, beliefs, responses and influences. (Unpublished doctoral dissertation) ［D］. University of Huddersfield, Huddersfiled, UK, 2014.

［32］ Brooks J. , McCluskey S. , Turley E. & King N. The utility of template analysis in qualitative psychology research [J]. Qualitative Research in Psychology, 2015, 12 (2): 202 – 222.

[33] Brown T. J. & Dacin P. A. The company and the product: Corporate associations and consumer product responses [J]. Journal of Marketing, 1997, 61 (1): 68 – 84.

[34] Browne M. W. & Cudeck R. Alternative ways of assessing model fit [J]. Sociological methods & research, 1992, 21 (2): 230 – 258.

[35] Bryman A. Social research methods: Oxford university press, 2015.

[36] Bryman A. & Bell E. Business research methods (4th ed.) [M]. USA: Oxford University Press, 2015.

[37] Buckingham A. & Saunders P. The survey methods workbook: From design to analysis [M]. Cambridge: Polity press, 2004.

[38] Buckley L., Kaye S. – A. & Pradhan A. K. A qualitative examination of driver's responses to partially automated vehicles [J]. Transportation Research Part F: Traffic Psychology and Behaviour, 2018, 56: 167 – 175.

[39] Byrne B. Structural equation modeling with AMOS: Basic concepts, applications and programming (3rd ed.) [M]. London, United Kingdom: Routledge, 2016.

[40] Byrne D. Interpreting quantitative data [M]. Thousand Oaks, Calif: SAGE Publications, 2002.

[41] Campbell M., Egerstedt M., How J. P. & Murray R. M. Autonomous driving in urban environments: Approaches, lessons and challenges [M]. Philosophical Transactions of the Royal Society A: Mathematical, Physical and Engineering Sciences, 2010, 368 (1928): 4649 – 4672.

[42] Casley S. V., Jardim A. S. & Quartulli A. A study of public acceptance of autonomous cars [D]. Worcester Polytechnic Institute, Bachelor Thesis, 2013.

[43] Cavanagh S. Content analysis: Concepts, methods and applications [J]. Nurse researcher, 1997, 4 (3): 5 – 16.

［44］ Charles C. Subsidies help China sell the most electric cars, 2017.

［45］ Chen F. , Curran P. J. , Bollen K. A. , Kirby J. & Paxton P. An empirical evaluation of the use of fixed cutoff points in RMSEA test statistic in structural equation models ［J］. Sociological methods & research, 2008, 36 (4): 462 – 494.

［46］ Childers T. L. , Carr C. L. , Peck J. & Carson S. Hedonic and utilitarian motivations for online retail shopping behavior ［J］. Journal of retailing, 2001, 77 (4): 511 – 535.

［47］ Chin W. W. Issues and opinions on structural equation modeling ［J］. MIS Quarterly, 1998, 22 (2): 1 – 10.

［48］ Collis J. & Hussey R. Business research: A practical guide for undergraduate and postgraduate students ［M］. Basingstoke: Palgrave macmillan, 2009.

［49］ Comrey A. L. & Lee H. B. A first course in factor analysis ［M］. New York: Psychology Press, 2013.

［50］ Consultancy. uk. Global car market to break through 100 million in sales by 2020 ［Z］. 2017.

［51］ Continental. German motorists want automated freeway driving ［R］. 2013.

［52］ Corbetta P. Social research: Theory, methods and techniques ［M］. Thousand Oaks: SAGE Publications, 2003.

［53］ Craig C. S. & Douglas S. P. International marketing research. (3rd ed.) ［M］. West Sussex : John Wiley & Sons, Ltd, 2005.

［54］ Creswell J. W. Research design: Qualitative, quantitative, and mixed methods approaches (4th ed.) ［M］. Thousand Oaks: SAGE Publications, 2014.

［55］ Creswell J. W. , Shope R. , Plano Clark V. L. & Green D. O. How interpretive qualitative research extends mixed methods research ［J］. Research in the Schools, 2006, 13 (1): 1 – 11.

［56］ Crotty M. The foundations of social research: Meaning and perspective in the research process (2nd ed.) [M]. London: SAGE publications, 2009.

[57] Crowther D. & Lancaster G. Research methods: A concise introduction to research in management and business consultancy (2nd ed.) [M]. London: Butterworth – Heinemann, 2008.

[58] Czaja S. J. , Charness N. , Fisk A. D. , Hertzog C. , Nair S. N. , Rogers W. A. & Sharit J. Factors predicting the use of technology: Findings from the Center for Research and Education on Aging and Technology Enhancement (CREATE) [J]. Psychology and aging, 2006, 21 (2): 333.

[59] Daft R. L. Learning the craft of organizational research [J]. Academy of management review, 1983, 8 (4): 539 – 546.

[60] Daniel J. The 4th Industrial Revolution: AI, IoT, Big Data and Disruptive Innovations [R]. 2017.

[61] Davidson D. J. & Freudenburg W. R. Gender and environmental risk concerns: A review and analysis of available research [J]. Environment and behavior, 1996, 28 (3), 302 – 339.

[62] Davis F. D. Perceived usefulness, perceived ease of use and user acceptance of information technology [J]. MIS quarterly, 1989, 13 (3): 319 – 340.

[63] De Vaus D. Surveys in social research. (6th ed.) [M]. Oxon: Routledge, 2014.

[64] De Waard D. , van der Hulst M. , Hoedemaeker M. & Brookhuis K. A. Driver behavior in an emergency situation in the Automated Highway System [J]. Transportation human factors, 1999, 1 (1): 67 – 82.

[65] Deb S. , Strawderman L. , Carruth D. W. , DuBien J. , Smith B. & Garrison T. M. Development and validation of a questionnaire to assess pedestrian receptivity toward fully autonomous vehicles [J]. Transportation Research Part C: Emerging Technologies, 84 (Supplement C), 2017: 178 – 195.

[66] Dehghani M. , Kim K. J. & Dangelico R. M. Will smartwatches last? factors contributing to intention to keep using smart wearable technology [J].

Telematics and informatics, 2018, 35 (2): 480 –490.

[67] Delle Site P. , Filippi F. & Giustiniani G. User's preferences towards innovative and conventional public transport [J] . Procedia – Social and Behavioral Sciences, 2011, 20: 906 –915.

[68] Dillman D. A. Mail and internet surveys: The tailored design method. (2nd ed.) [M]. NewYork: John Wiley & Sons, Ltd, 2000.

[69] Ding Y. & Chai K. H. Emotions and continued usage of mobile applications [J]. Industrial management & data systems, 2015, 115 (5): 833 –852.

[70] Dishaw M. T. & Strong D. M. Extending the technology acceptance model with task-technology fit constructs [J] . Information & Management, 1999, 36 (1): 9 –21.

[71] Eagly A. H. & Chaiken S. The psychology of attitudes [M] . Fort Worth, TX: Harcourt Brace Jovanovich College Publishers, 1993.

[72] Easterby – Smith M. , Thorpe R. & Jackson P. R. Management research (5th ed.) [M]. London: SAGE Publications, 2015.

[73] Edensor T. Defamiliarizing the Mundane Roadscape [J]. Space and Culture, 2003, 6 (2): 151 –168.

[74] Elander J. , West R. & French D. Behavioral correlates of individual differences in road – traffic crash risk: An examination of methods and findings [J]. Psychological bulletin, 1993, 113 (2): 279.

[75] Ely M. On writing qualitative research: Living by words [M]. London: Falmer Press, 1997.

[76] Engel J. F. , Kegerreis R. J. & Blackwell R. D. Word – of – Mouth communication by the innovator [J]. Journal of Marketing, 1969, 33 (3): 15 –19.

[77] Eurobarmoter S. Autonomous Systems, Conducted by TNS opinion and social at the request of the directorate – General for communications networks [R]. Content and Technology, 2015.

[78] Fagnant D. J. & Kockelman K. Preparing a nation for autonomous ve-

hicles: Opportunities, barriers and policy recommendations [J]. Transportation Research Part A: Policy and Practice, 2015, 77: 167 – 181.

[79] Fagnant D. J. & Kockelman K. M. Preparing a nation for autonomous vehicles: Opportunities, barriers and policy recommendations [Z]. 2013.

[80] Field A. Discovering statistics using IBM SPSS statistics [M]. Los Angeles: SAGE Publications, 2013.

[81] Fishbein M. & Ajzen I. Belief, attitude, intention and behavior: An introduction to theory and research: Reading [M]. MA: Addison – Wesley, 1975.

[82] Fornell C. & Larcker D. F. Evaluating structural equation models with unobservable variables and measurement error [J]. Journal of marketing research, 1981: 39 – 50.

[83] Fraedrich E. & Lenz B. Automated driving: Individual and societal aspects [J]. Transportation research record, 2014, 2416 (1): 64 – 72.

[84] Gallup G. The quintamensional plan of question design [J]. The Public Opinion Quarterly, 1947, 11 (3): 385 – 393.

[85] Gaskin J. Confirmatory factor analysis [Z]. 2017.

[86] Gaskin J. Exploratory factor analysis [Z]. 2018.

[87] Glancy D. J. Privacy in autonomous vehicles. Santa Clara L. Rev. [Z]. 2012, 52: 1171.

[88] Glaser B. G. & Strauss A. L. Discovery of grounded theory: Strategies for qualitative research [M]. New York: Routledge, 2017.

[89] Goldsmith R. E. & Hofacker C. F. Measuring consumer innovativeness [J]. Journal of the Academy of Marketing Science, 1991, 19 (3): 209 – 221.

[90] Gordon T. & Lidberg M. Automated driving and autonomous functions on road vehicles [J]. Vehicle System Dynamics, 2015, 53 (7): 958 – 994.

[91] Grbich C. Qualitative data analysis: An introduction (2nd ed.) [M]. London: SAGE Publications, 2013.

[92] Greene J. C., Caracelli V. J. & Graham W. F. Toward a conceptual

framework for mixed-method evaluation designs [J]. Educational evaluation and policy analysis, 1989, 11 (3): 255 –274.

[93] Grix J. The foundations of research (2nd ed.) [M]. Basingstoke: Palgrave Macmillan, 2010.

[94] Guba E. G. & Lincoln Y. S. Competing paradigms in qualitative research [A]. Handbook of qualitative research, 1994, 2: 163 – 194.

[95] Haboucha C. J., Ishaq R. & Shiftan Y. User preferences regarding autonomous vehicles [J]. Transportation Research Part C: Emerging Technologies, 78 (Supplement C), 2017: 37 –49.

[96] Hair J. F., Black W. C., Babin B. J. & Anderson R. E. Multivariate data analysis: A global perspective [M]. Pearson: Upper Saddle River, NJ, 2010.

[97] Hassenzahl M., Platz A., Burmester M. & Lehner K. Hedonic and ergonomic quality aspects determine a software's appeal [R]. Paper presented at the Proceedings of the SIGCHI conference on Human Factors in Computing Systems, 2000.

[98] Henry S. L. Unity's game engine is now developing self-driving cars [Z]. 2018.

[99] Hesse – Biber S. N. Mixed methods research: Merging theory with practice [M]. New York: The Guilford Press, 2010.

[100] Hirschman E. C. & Holbrook M. B. Hedonic consumption: Emerging concepts, methods and propositions [J]. The Journal of Marketing, 1982: 92 –101.

[101] Hohenberger C., Spörrle M. & Welpe I. M. How and why do men and women differ in their willingness to use automated cars? The influence of emotions across different age groups [J]. Transportation Research Part A: Policy and Practice, 2016, 94: 374 –385.

[102] Holbrook M. B. & Batra R. Assessing the role of emotions as mediators of consumer responses to advertising [J]. Journal of consumer Research,

1987, 14 (3): 404 – 420.

[103] Hong J. – C. , Lin P. – H. & Hsieh P. – C. The effect of consumer innovativeness on perceived value and continuance intention to use smartwatch [J]. Computers in Human Behavior, 2017, 67: 264 – 272.

[104] Howard D. & Dai D. Public perceptions of self-driving cars: The case of berkeley, california [R]. Paper presented at the Transportation Research Board 93rd Annual Meeting, 2014.

[105] Hsieh H. – F. & Shannon S. E. Three approaches to qualitative content analysis [J]. Qualitative health research, 2005, 15 (9): 1277 – 1288.

[106] Hu L. – t. , Bentler P. M. & Kano Y. Can test statistics in covariance structure analysis be trusted? [J]. Psychological bulletin, 1992, 112 (2): 351.

[107] Hulse L. M. , Xie H. & Galea E. R. Perceptions of autonomous vehicles: Relationships with road users, risk, gender and age [J]. Safety Science, 2018, 102: 1 – 13.

[108] Igbaria M. , Schiffman S. J. & Wieckowski T. J. The respective roles of perceived usefulness and perceived fun in the acceptance of microcomputer technology [J]. Behaviour & Information Technology, 1994, 13 (6): 349 – 361.

[109] Jensen A. F. , Cherchi E. & de Dios Ortúzar J. A long panel survey to elicit variation in preferences and attitudes in the choice of electric vehicles [J]. Transportation, 2014, 41 (5): 973 – 993.

[110] John T. & Troy M. Vehicle owners show willingness to spend on automotive infotainment features [Z]. 2017.

[111] Jolliffe I. Principal component analysis [M]. Berlin Heidelberg: Springer, 2002.

[112] Jonah B. A. , Thiessen R. & Au – Yeung E. Sensation seeking, risky driving and behavioral adaptation [J]. Accident Analysis & Prevention, 2001, 33 (5): 679 – 684.

[113] Julia P. & Wire Climate. Self – Driving Cars could cut greenhouse gas pollution [Z]. 2014.

[114] Kala R. & Warwick K. Intelligent transportation system with diverse semi-autonomous vehicles [J]. International Journal of Computational Intelligence Systems, 2015, 8 (5): 886 – 899.

[115] Karahanna E., Straub D. W. & Chervany N. L. Information technology adoption across time: A cross-sectional comparison of pre-adoption and post-adoption beliefs [J]. MIS quarterly, 1999: 183 – 213.

[116] Kaur K. & Rampersad G. Trust in driverless cars: Investigating key factors influencing the adoption of driverless cars [J]. Journal of Engineering and Technology Management, 2018, 48: 87 – 96.

[117] Kent G. Understanding the experiences of people with disfigurements: An integration of four models of social and psychological functioning [J]. Psychology, health & medicine, 2000, 5 (2): 117 – 129.

[118] Kersten H., Philipp K., Armen M. & Emily S. Self – driving car technology: When will the robots hit the road automotive & assembly [Z]. 2017.

[119] Kim B. & Han I. What drives the adoption of mobile data services? An approach from a value perspective [J]. Journal of Information Technology, 2009, 24 (1): 35 – 45.

[120] Kim B. & Han I. The role of utilitarian and hedonic values and their antecedents in a mobile data service environment [J]. Expert Systems with Applications, 2011, 38 (3): 2311 – 2318.

[121] Kim H. S. Using hedonic and utilitarian shopping motivations to profile inner city consumers [J]. Journal of Shopping Center Research, 2006, 13 (1): 57 – 79.

[122] Kim M. G. & Kim J. Cross – validation of reliability, convergent and discriminant validity for the problematic online game use scale [J]. Computers in Human Behavior, 2010, 26 (3): 389 – 398.

［123］King N. Doing template analysis. In G. Symon & C. Cassell（Ed.），Qualitative Organizational Research（426－449）［A］. London：SAGE Publications，2012.

［124］King N. , Cassell C. & Symon G. Using templates in the thematic analysis of text ［A］. Essential guide to qualitative methods in organizational research，2004，2：256－270.

［125］Kohl C. , Mostafa D. , Böhm M. & Krcmar H. Disruption of individual mobility ahead? A longitudinal study of risk and benefit perceptions of self-driving cars on twitter ［Z］. 2017.

［126］KPMG. Self-driving cars：Are we ready? ［R］. 2013.

［127］Kumar R. Research methodology：A step-by-step guide for beginners（4th ed. ）［M］. Los Angeles：Sage Publications，2014.

［128］Kumar S. & Phrommathed P. Research methodology：A step-by-step guide for beginners.（5th ed. ）［M］. Los Angeles：SAGE Publications，2005.

［129］Kuo Y. － F. & Yen S. － N. Towards an understanding of the behavioral intention to use 3G mobile value－added services ［J］. Computers in Human Behavior，2009，25（1）：103－110.

［130］Kyriakidis M. , Happee R. & De Winter J. C. F. Public opinion on automated driving：Results of an international questionnaire among 5000 respondents ［J］. Transportation Research Part F：Traffic Psychology and Behaviour，32（Supplement C），2015：127－140.

［131］Kyriakidis M. , Winter J. C. F. d. , Stanton N. , et al. Happee. A human factors perspective on automated driving theoretical issues in ergonomics science ［Z］. 2017.

［132］Lafrenière M. － A. K. , St － Louis A. C. , Vallerand R. J. & Donahue E. G. On the relation between performance and life satisfaction：The moderating role of passion ［J］. Self and Identity，2012，11（4）：516－530.

［133］Lang N. , Rüßmann M. , Mei－Pochtler A. , Dauner T. , Komiya S. , Mosquet X. & Doubara X. Self－Driving Vehicles，Robo－Taxis，and the

Urban Mobility Revolution [R]. Paper presented at the The Boston Consulting Group and the World Economic Forum, 2016.

[134] Lee K. - H. & Shin D. Consumers' responses to CSR activities: The linkage between increased awareness and purchase intention [J]. Public Relations Review, 2010, 36 (2): 193 - 195.

[135] Lee S. Mobile Internet services from consumers' perspectives. Intl [J]. Journal of Human - Computer Interaction, 2009, 25 (5): 390 - 413.

[136] Legris P., Ingham J. & Collerette P. Why do people use information technology? A critical review of the technology acceptance model [J]. Information & Management, 2003, 40 (3): 191 - 204.

[137] Levesque C., Zuehlke A. N., Stanek L. R. & Ryan R. M. Autonomy and competence in German and American university students: A comparative study based on self-determination theory [J]. Journal of Educational Psychology, 2004, 96 (1): 68.

[138] Lin C. P. & Bhattacherjee A. Extending technology usage models to interactive hedonic technologies: A theoretical model and empirical test [J]. Information Systems Journal, 2010, 20 (2): 163 - 181.

[139] Lin Z. & Filieri R. Airline passenger's continuance intention towards online check-in services: The role of personal innovativeness and subjective knowledge [J]. Transportation Research Part E: Logistics and Transportation Review, 2015, 81: 158 - 168.

[140] Lockett S. H., Hatton J., Turner R., Stubbins C., Hodgekins J. & Fowler D. Using a semi-structured interview to explore imagery experienced during social anxiety for clients with a diagnosis of psychosis: An exploratory study conducted within an early intervention for psychosis service [J]. Behavioural and Cognitive Psychotherapy, 2012, 40 (1): 55 - 68.

[141] Lu J., Yao J. E. & Yu C. - S. Personal innovativeness, social influences and adoption of wireless internet services via mobile technology [J]. The Journal of Strategic Information Systems, 2005, 14 (3): 245 - 268.

［142］ Lymperopoulos C. & Chaniotakis I. E. Factors affecting acceptance of the internet as a marketing-intelligence tool among employees of Greek bank branches ［J］. International Journal of Bank Marketing, 2005, 23 (6): 484 – 505.

［143］ Madden T. J. , Ellen P. S. & Ajzen I. A comparison of the theory of planned behavior and the theory of reasoned action ［J］. Personality and social psychology Bulletin, 1992, 18 (1): 3 – 9.

［144］ Madigan R. , Louw T. , Dziennus M. , Graindorge T. , Ortega E. , Graindorge M. & Merat N. Acceptance of Automated Road Transport Systems (ARTS): An adaptation of the UTAUT model ［J］. Transportation Research Procedia, 2016, 14: 2217 – 2226.

［145］ Maignan I. Consumers' perceptions of corporate social responsibilities: A cross-cultural comparison ［J］. Journal of business ethics, 2001, 30 (1): 57 – 72.

［146］ Malhotra N. K. & Briks D. F. Marketing research an applied orientation (3rd ed.) ［M］. Harlow: Financial Times Prentice Hall, 2007.

［147］ Marco Hubert, Markus Blut, Christian Brock, Christof Backhaus & Eberhardt T. Acceptance of smartphone – based mobile shopping: Mobile benefits, customer characteristics, perceived risks, and the impact of application context ［J］. Psychology & Marketing, 2017, 34 (2): 175 – 194.

［148］ Maslow A. H. A theory of human motivation ［J］. Psychological review, 1943, 50 (4): 370.

［149］ Merat N. & de Waard D. Human factors implications of vehicle automation: Current understanding and future directions ［J］. Transportation Research Part F: Traffic Psychology and Behaviour, 2014, 27: 193 – 195.

［150］ Merat N. , Madigan R. & Nordhoff S. Human factors, user requirements and user acceptance of ride – sharing in automated vehicles ［A］. Paper presented at the International Transport Forum Roundtable on Cooperative Mobility Systems and Automated Driving, 2016.

[151] Mersky A. C. & Samaras C. Fuel economy testing of autonomous vehicles [J]. Transportation Research Part C: Emerging Technologies, 2016, 65: 31 –48.

[152] Miles M. B. & Huberman A. M. Qualitative data analysis: An expanded sourcebook (2nd ed.) [M]. SAGE Publications, 1994.

[153] Millard – Ball A. Pedestrians, autonomous vehicles and cities [J]. Journal of Planning Education and Research, 2016.

[154] Minichiello V. , Aroni R. & Hays T. In-depth interviewing: Principles, techniques, analysis (2nd ed.) [M]. Melbourne: Longman, 1995.

[155] Mohr L. A. , Webb D. J. & Harris K. E. Do consumers expect companies to be socially responsible? The impact of corporate social responsibility on buying behavior [J]. Journal of Consumer affairs, 2001, 35 (1): 45 –72.

[156] Morgan D. L. Paradigms lost and pragmatism regained: Methodological implications of combining qualitative and quantitative methods [J]. Journal of mixed methods research, 2007, 1 (1): 48 –76.

[157] MORI I. Ipsos MORI loyalty automotive survey [R]. Retrieved from Ipsos MORI, 2014.

[158] Morse J. M. Principles of mixed methods and multimethod research design [A]. Handbook of mixed methods in social and behavioral research, 2003, 1: 189 –208.

[159] Motavalli J. Self-driving cars will take over by 2040 [Z]. 2012.

[160] Neuman W. L. Social research methods: Qualitative and quantitative approaches (7th ed.) [M]. Essex: Pearson Education Limited, 2014.

[161] NHTSA. Preliminary statement of policy concerning automated vehicles [M]. Washington, DC, 2013: 1 –14.

[162] Nissan. Nissan announaces unprecedented autonomous drive benchmarks [R]. 2013.

[163] Nordhoff S. , van Arem B. & Happee R. Conceptual model to explain, predict and improve user acceptance of driverless podlike vehicles [J].

Transportation research record, 2016, 2602 (1): 60 – 67.

[164] Nunnally J. C. & Bernstein I. H. Psychometric theory (3rd ed.) [M]. New Dehil India: McGraw – Hill, 2010.

[165] Oliveira T. , Thomas M. , Baptista G. & Campos F. Mobile payment: Understanding the determinants of customer adoption and intention to recommend the technology [J]. Computers in Human Behavior, 2016, 61: 404 – 414.

[166] Olivia O. Human error accounts for 90% of road accidents [Z]. 2011.

[167] Osswald S. , Meschtscherjakov A. , Wilfinger D. & Tscheligi M. Interacting with the steering wheel: potential reductions in driver distraction [R]. Paper presented at the International Joint Conference on Ambient Intelligence, 2011.

[168] Osswald S. , Wurhofer D. , Trösterer S. , Beck E. & Tscheligi M. Predicting information technology usage in the car: towards a car technology acceptance model [A]. Paper presented at the Proceedings of the 4th International Conference on Automotive User Interfaces and Interactive Vehicular Applications, 2012.

[169] Paden B. , Čáp M. , Yong S. Z. , Yershov D. & Frazzoli E. A survey of motion planning and control techniques for self-driving urban vehicles [J]. IEEE Transactions on intelligent vehicles, 2016, 1 (1): 33 – 55.

[170] Parasuraman R. , Sheridan T. B. & Wickens C. D. A model for types and levels of human interaction with automation [J]. IEEE Transactions on systems, man and cybernetics – Part A: Systems and Humans, 2000, 30 (3): 286 – 297.

[171] Patton M. Q. Qualitative evaluation and research methods [M]. Thousand Oaks, Calif: SAGE Publications, 1990.

[172] Payre W. , Cestac J. & Delhomme P. Intention to use a fully automated car: Attitudes and a priori acceptability [J]. Transportation Research Part

F: Traffic Psychology and Behaviour, 2014, 27: 252 –263.

[173] Pearce L. 'Driving-as-Event': Re-thinking the car journey [J]. Mobilities, 2017, 12 (4): 585 –597.

[174] Penny S. Visser J. A. K. and Paul J. Lavrakas. Handbook of research methods in social and personality psychology [M]. (H. T. Reis & C. M. Judd Eds.): Cambridge University Press, 2000.

[175] Peter W. Alphabet's self-driving car unit and Fiat Chrysler expand partnership [Z]. 2018.

[176] Philippe F. L. , Vallerand R. J. , Richer I. , Vallieres é. & Bergeron J. Passion for driving and aggressive driving behavior: A look at their relationship [J]. Journal of Applied Social Psychology, 2009, 39 (12): 3020 –3043.

[177] Podsakoff P. M. , MacKenzie S. B. , Lee J. –Y. & Podsakoff N. P. Common method biases in behavioral research: A critical review of the literature and recommended remedies [J]. Journal of Applied Psychology, 2003, 88 (5): 879.

[178] Priporas C. –V. , Stylos N. & Fotiadis A. K. Generation Z consumers' expectations of interactions in smart retailing: A future agenda [J]. Computers in Human Behavior, 2017, 77: 374 –381.

[179] Robson C. & McCartan K. Real world research (4th ed.) [M]. Chichester, West Sussex, John Wiley & Sons, Ltd, 2016.

[180] Rödel C. , Stadler S. , Meschtscherjakov A. & Tscheligi M. Towards autonomous cars: The effect of autonomy levels on acceptance and user experience [A]. Paper presented at the Proceedings of the 6th International Conference on Automotive User Interfaces and Interactive Vehicular Applications, 2014.

[181] Rogers E. M. Diffusion of innovations: Simon and schuster [M]. New York: Simon and Schuster, 2010.

[182] Rossman G. B. & Wilson B. L. Numbers and words: Combining quantitative and qualitative methods in a single large-scale evaluation study [J]. Evaluation review, 1985, 9 (5): 627 –643.

［183］ Saunders M. , Lewis P. & Thornhill A. Research methods for business students（Seventh edition ed. ）［M］. New York Pearson education, 2016.

［184］ Schade J. & Schlag B. Acceptability of urban transport pricing strategies ［J］. Transportation Research Part F: Traffic Psychology and Behaviour, 2003, 6（1）: 45 – 61.

［185］ Schlossberg M. Teen Generation Z is being called 'millennials on steroids', and that could be terrifying for retailers ［Z］. 2016.

［186］ Schmitt N. Uses and abuses of coefficient alpha ［J］. Psychological assessment, 1996, 8（4）: 350.

［187］ Schoettle B. & Sivak M. Public opinion about self-driving vehicles in China, India, Japan, the US, the UK, and Australia ［R］. 2014a.

［188］ Schoettle B. & Sivak M. A survey of public opinion about autonomous and self-driving vehicles in the US, the UK and Australia ［R］. 2014b.

［189］ Schoettle B. & Sivak M. A survey of public opinion about connected vehicles in the US, the UK and Australia ［A］. Paper presented at the Connected Vehicles and Expo（ICCVE）, 2014 International Conference on, 2014c.

［190］ Schoettle B. & Sivak M. Motorists' preferences for different levels of vehicle automation ［Z］. 2015.

［191］ Schumacker R. E. & Lomax R. G. A beginner's guide to structural equation modeling ［M］. Znd. ed. NJ: Lawrence Erlbaum Associates, 2004.

［192］ Sheller M. Automotive emotions: Feeling the car. Theory, culture & society ［J］. 2004, 21（4 – 5）: 221 – 242.

［193］ Slade E. L. , Dwivedi Y. K. , Piercy N. C. & Williams M. D. Modeling consumers' adoption intentions of remote mobile payments in the United Kingdom: Extending UTAUT with innovativeness, risk and trust ［J］. Psychology & Marketing, 2015, 32（8）: 860 – 873.

［194］ Smith B. & Sechrest L. Treatment of aptitude × treatment interactions ［J］. Journal of consulting and clinical psychology, 1991, 59（2）: 233.

［195］ Stanton N. A. & Young M. S. A proposed psychological model of driving automation [J]. Theoretical Issues in Ergonomics Science, 2000, 1 (4): 315 –331.

[196] Stening B. W. & Zhang M. Y. Methodological challenges confronted when conducting management research in China [J]. International Journal of Cross Cultural Management, 2007, 7 (1): 121 –142.

[197] Straub D. W. Validating instruments in MIS research [J]. MIS quarterly, 1989: 147 –169.

[198] Sun H. & Zhang P. The role of affect in information systems research: A critical survey and a research model in p. Zhang & D. Galletta (Eds.), Human – computer interaction and management information systems: Foundations. Armonck, NY: M. E. Sharpe [A]. 2006: 295 –329.

[199] Tabachnick B. G. & Fidell L. S. Using multivariate analysis in [Z]. 2014.

[200] Tashakkori A. & Teddlie C. Sage handbook of mixed methods in social & behavioral research (2rd ed.) [M]. SAGE Publications, 2010.

[201] Taylor S. & Todd P. A. Understanding information technology usage: A test of competing models [J]. Information systems research, 1995, 6 (2): 144 –176.

[202] Tim B. & Los A. Didi chuxing to start driverless car tests in California [Z]. 2018.

[203] Tussyadiah I. P., Zach F. J. & Wang J. Attitudes toward autonomous on demand mobility system: The case of self – driving taxi [R]. in information and communication technologies in tourism 2017. Springer, 2017: 755 – 766.

[204] Underwood S. Automated vehicles forecast vehicle symposium opinion survey [A]. Paper presented at the automated vehicles symposium, 2014.

[205] Van den Bergh J. & Behrer M. How cool brands stay hot: Branding to generations Y and Z [M]. Kogan Page Publishers, 2016.

[206] Van der Heijden H. User acceptance of hedonic information systems [J]. MIS quarterly, 2004: 695 – 704.

[207] Van Der Laan J. D. , Heino A. & De Waard D. A simple procedure for the assessment of acceptance of advanced transport telematics [J]. Transportation Research Part C: Emerging Technologies, 1997, 5 (1): 1 – 10.

[208] Van Manen M. Linking ways of knowing with ways of being practical [J]. Curriculum inquiry, 1977, 6 (3): 205 – 228.

[209] Venkatesh V. & Goyal S. Expectation disconfirmation and technology adoption: Polynomial modeling and response surface analysis [J]. MIS quarterly, 2010: 281 – 303.

[210] Venkatesh V. , Morris M. G. , Davis G. B. & Davis F. D. User acceptance of information technology: Toward a unified view [J]. MIS quarterly, 2003: 425 – 478.

[211] Venkatesh V. , Thong J. Y. & Xu X. Consumer acceptance and use of information technology: Extending the unified theory of acceptance and use of technology [J]. MIS quarterly, 2012, 36 (1): 157 – 178.

[212] Viswanathan M. , Sudman S. & Johnson M. Maximum versus meaningful discrimination in scale response: Implications for validity of measurement of consumer perceptions about products [J]. Journal of Business research, 2004, 57 (2): 108 – 124.

[213] Voss K. E. , Spangenberg E. R. & Grohmann B. Measuring the hedonic and utilitarian dimensions of consumer attitude [J]. Journal of marketing research, 2003, 40 (3): 310 – 320.

[214] Walker G. H. & Stanton N. A. Human factors in automotive engineering and technology [M]. London CRC Press, 2017.

[215] Weber R. P. Basic content analysis (2nd ed.) [M]. London: SAGE Publications, 1990.

[216] Webster J. & Martocchio J. Microcomputer playfulness: Development of a measure with workplace implications [J]. MIS quarterly, 1992:

201 – 226.

[217] Webster Jr F. E. Determining the characteristics of the socially conscious consumer [J]. Journal of consumer Research, 1975, 2 (3): 188 – 196.

[218] Weijters B., Cabooter E. & Schillewaert N. The effect of rating scale format on response styles: The number of response categories and response category labels [J]. International Journal of Research in Marketing, 2010, 27 (3): 236 – 247.

[219] William G. Zikumund B. J. B., Jon C. Carr, Mitch Griffin. Business research methods (9th ed.) [M]. South – Western, USA: Cengage Learning, 2013.

[220] Williams K. C. & Page R. A. Marketing to the generations [J]. Journal of Behavioral Studies in Business, 2011, 3 (1): 37 – 53.

[221] Wixom B. H. & Todd P. A. A theoretical integration of user satisfaction and technology acceptance [J]. Information systems research, 2005, 16 (1): 85 – 102.

[222] Wood S. Generation Z as consumers: Trends and innovation [R]. Institute for Emerging Issues: NC State University, 2013: 1 – 3.

[223] Xiang Z., Tussyadiah I. & Buhalis D. Smart destinations: Foundations, analytics and applications [J]. Journal of Destination Marketing & Management, 2015, 4 (3): 143 – 144.

[224] Yi M. Y. & Hwang Y. Predicting the use of web-based information systems: Self – efficacy, enjoyment, learning goal orientation and the technology acceptance model [J]. International Journal of Human – Computer Studies, 2003, 59 (4): 431 – 449.

[225] Yue G., Ying Z., J. B. S., Yongchuan B., Xiaotong L. & Khuong L. N. Understanding cross-product purchase intention in an IT brand extension context [J]. Psychology & Marketing, 2018, 35 (6): 392 – 411.

[226] Zhang X., Qu X., Tao D. & Xue H. The association between sensa-

tion seeking and driving outcomes: A systematic review and meta-analysis [J]. Accident Analysis & Prevention, 2019, 123: 222 – 234.

[227] Zhou L. , Dai L. & Zhang D. Online shopping acceptance model – A critical survey of consumer factors in online shopping [J]. Journal of electronic commerce research, 2007, 8 (1).

[228] Zhu J. J. H. & He Z. Perceived characteristics, perceived needs and perceived popularity: Adoption and use of the internet in China [J]. Communication research, 2002, 29 (4): 466 – 495.

[229] Zikmund W. & Babin B. J. Exploring marketing research (10th ed.) [M]. Mason South – Western Cengage Learning, 2010.

[230] Zmud J. , Sener I. N. & Wagner J. Consumer acceptance and travel behavior: Impacts of automated vehicles [Z]. 2016.

[231] Zuckerman M. Behavioral expressions and biosocial bases of sensation seeking [M]. Cambridge University Press, 1994.